《皖西博物馆文物撷珍》编委会

主　　编　陈曙光
副 主 编　彭　勃　孙巧娣　顾　岩
编　　辑　许小丽　何永红　吴　忠
　　　　　朱庆林　喻　龙　赵　辉
摄　　影　程京安
书名题字　刘蔚山

皖西博物馆
文物撷珍

皖西博物馆　编著

文物出版社

美术编辑：周小玮

责任印制：陆　联

责任编辑：黄　曲

图书在版编目（ＣＩＰ）数据

皖西博物馆文物撷珍 / 皖西博物馆编著． —— 北京：文物出版社，2013.12

ISBN 978-7-5010-3928-9

Ⅰ．①皖… Ⅱ．①皖… Ⅲ ①博物馆-历史文物-安徽省-图录 Ⅳ．①K872.540.2

中国版本图书馆CIP数据核字(2013)第298910号

皖西博物馆文物撷珍

编　　著	皖西博物馆
出版发行	文物出版社
社　　址	北京市东直门内北小街2号楼
网　　址	www.wenwu.com
邮　　箱	web@wenwu.com
制版印刷	北京图文天地制版印刷有限公司
经　　销	新华书店
开　　本	889×1194　1/16
印　　张	13
版　　次	2013年12月第1版
印　　次	2013年12月第1次印刷
书　　号	ISBN 978-7-5010-3928-9
定　　价	260.00元

目 录

概　说………………………………陈曙光

铜器篇

1. 兽面纹铜尊　商……………………012
2. 弦纹铜斝　商………………………014
3. 兽面纹铜觚　商……………………015
4. 兽面纹铜爵　商……………………017
5. 兽面纹铜爵　商……………………018
6. 弦纹铜爵　商………………………019
7. 兽面纹铜爵　商……………………020
8. "子汤"铭铜盖鼎　春秋……………021
9. 鸟纹铜盖鼎（两件）春秋…………022
10. 窃曲纹铜盖鼎　春秋………………024
11. 蟠螭纹铜盖鼎　春秋………………025
12. 蟠螭纹铜盖鼎　春秋………………026
13. 牺首铜鼎　春秋……………………027
14. 弦纹铜簠　春秋……………………028
15. 铜缶　春秋…………………………029
16. 鸟纹铜盉　春秋……………………030
17. 铜盉　春秋…………………………031
18. 龙纹铜敦　春秋……………………032
19. 蟠螭纹铜盏　春秋…………………033
20. 蟠螭纹铜罍　春秋…………………034
21. 鳞纹铜盆　春秋……………………035
22. 蟠螭纹铜盖鼎（两件）战国………037
23. 蟠螭纹铜盖鼎　战国………………038
24. 蟠螭纹铜盖鼎　战国………………039
25. 蟠螭纹铜盖鼎　战国………………040
26. "北乡"铭铜盖鼎　战国……………041
27. 龙凤纽铜敦（两件）战国…………042
28. 兽纽铜敦　战国……………………044
29. 蕉叶纹铜壶　战国…………………045
30. 蟠螭纹铜盖壶（两件）战国………047
31. 羽状地纹方格纹铜扁壶　战国……048
32. 蟠虺纹铜提梁盉　战国……………049
33. 铜斛　战国…………………………050
34. 铜甗　汉……………………………051
35. 双鱼货泉纹铜鐎斗　汉……………052
36. 虎形铜席镇　汉……………………053
37. 卷云纹龙首铜带钩　汉……………054
38. "程先进"铭铜盘　清………………055
39. 蕉叶纹铜觚　清……………………056
40. 铜戈　商……………………………057
41. 吴王姑发铜戈　春秋………………058
42. 铜剑　春秋…………………………059
43. 铜剑　春秋…………………………059
44. 铜剑　战国…………………………060
45. 铜剑　战国…………………………060
46. 蔡侯产铜戈　战国…………………061
47. 铜戟　战国…………………………062
48. 铜镞　战国…………………………063
49. 铜镞　战国…………………………063
50. 铜镞　战国…………………………064
51. 铜镞　战国…………………………064
52. 鸟纹铜鐏　战国……………………065
53. 鸟纹铜鐏　战国……………………065
54. 铜弩机　东汉………………………066
55. 铜弩机　三国………………………067
56. 铜车軎辖　战国……………………068

57. 铜车軎辖　战国	069
58. 铜车軎辖　战国	070
59. 铜车軎辖　战国	071
60. 铜车軎辖　战国	072
61. 双虎镂空铜车饰　战国	073
62. 镂空蟠螭纹铜车饰　战国	074
63. 铜车饰　战国	075
64. 鸟首铜车马饰　战国	076
65. 兽面纹铜车器鼻　战国	077
66. 鸟纹铜铺首衔环　战国	077
67. 铜马衔镳　战国	078
68. 铜工具　战国	078
69. 蟠虺纹铜镜　战国	079
70. 四山纹铜镜　战国	079
71. 五山纹铜镜　战国	080
72. 重菱纹铜镜　战国	081
73. 鸟纹铜镜　战国	082
74. "大乐富贵"铭铜镜　西汉	083
75. "洁清白"铭连弧纹铜镜　西汉	084
76. "日光"铭连弧纹铜镜　西汉	085
77. "内清"重圈铭文铜镜　西汉	086
78. "炼治铜华"铭连弧纹铜镜　西汉	087
79. "炼铜冶华"铭四神博局纹铜镜　西汉	088
80. "长宜子孙"铭四神博局纹铜镜　东汉	089
81. "长宜子孙"铭铜镜　东汉	090
82. "尚方"铭神人车马画像铜镜　东汉	091
83. "茱氏"铭四神博局纹铜镜　东汉	092
84. 四神博局纹铜镜　汉	093
85. 兽面纹铜镜　魏晋	093
86. "千秋万春"铭龙纹葵花铜镜　唐	094

87. 双鸾衔绶纹葵花铜镜　唐	095
88. 双鸾纹葵花铜镜　唐	096
89. 瑞兽葡萄纹铜镜　唐	097
90. 鸟兽纹方形铜镜　五代	098
91. "千秋万岁"铭铜镜　五代	099
92. 牡丹纹方形铜镜　五代	100
93. "湖州石十五郎"铭长方形铜镜　宋	101
94. 双鱼纹铜镜　宋	102
95. "宫家"铭铜镜　宋	103
96. 跽坐铜人　战国	104
97. "大莫嚣玺"铜印　战国	105
98. "部曲将印"铜印　汉	105
99. 铜释迦坐像　隋	106
100. 铜菩萨立像　隋	107
101. 铜菩萨立像　隋	108
102. 铜菩萨立像　隋	108
103. 铜鎏金如来坐像　明	109

陶瓷器篇

104. 漆绘陶钫　战国	112
105. 漆绘陶壶　战国	113
106. 漆皮陶茧形壶　西汉	114
107. 漆皮陶茧形壶　西汉	115
108. 漆皮陶壶　西汉	116
109. 漆皮陶壶　西汉	117
110. 漆皮陶蒜头壶　西汉	118
111. 漆皮陶锺　西汉	119
112. 漆皮陶鼎　西汉	120
113. 漆皮陶盖鼎　西汉	121

114. 漆皮陶甗 西汉 122
115. 漆皮陶双耳吊锅 西汉 123
116. 漆皮陶鍪 西汉 124
117. 漆绘陶锺 西汉 125
118. 漆绘陶壶 西汉 126
119. 漆绘陶壶 西汉 127
120. 漆绘陶壶 西汉 128
121. 漆绘陶壶 西汉 129
122. 漆绘陶盘 西汉 130
123. 漆绘陶盒 西汉 131
124. 漆绘陶匜 西汉 132
125. "死人更衣"陶屋 汉 133
126. 陶冥币 汉 133
127. 印纹硬陶罍 战国 134
128. 硬陶罐 战国 135
129. 青釉瓷虎子 汉 136
130. 青釉瓷盘口壶 隋 137
131. 寿州窑青釉瓷四系罐 隋 138
132. 三鱼纹瓷钵 唐 139
133. 越窑青釉瓷球形脂盒 唐 140
134. 黄釉瓷盘 唐 141
135. 黄釉褐彩瓷水盂 唐 141
136. 青釉瓷粉盒 唐 141
137. 青釉瓷壶 唐 142
138. 白釉瓷瓶 五代 143
139. 龙泉窑青釉瓷瓶 宋 144
140. 龙泉窑青釉瓷瓶 宋 144
141. 酱釉瓷四系壶 宋 145
142. 青白釉瓷粉盒 宋 146
143. 青白釉瓜棱形瓷粉盒 宋 147

144. 白釉瓷枕 宋 148
145. 白釉黑花草叶纹瓷枕 宋 149
146. 暗花白釉瓷碗 宋 150
147. 暗花白釉瓷碗 宋 150
148. 青白釉瓷注子 宋 151
149. 青白釉瓷钵 宋 152
150. 青花兰草纹瓷碗 明 153
151. 青花红云龙纹瓷盘 清雍正 154
152. 青花红蝠纹瓷盘 清光绪 155
153. 青花云龙纹瓷盘 清乾隆 156
154. 青花双凤纹瓷盘 清道光 157
155. 粉青釉瓷穿带瓶 清道光 158
156. 青釉瓷八卦瓶 清光绪 159
157. 青花缠枝莲瓷赏瓶 清同治 160
158. 青花缠枝莲瓷赏瓶 清光绪 161
159. 窑变红釉瓷穿带瓶 清光绪 162
160. 霁蓝釉象耳瓷方瓶 清光绪 163
161. 茶叶末釉瓷瓶 清光绪 164
162. 霁蓝釉瓷渣斗 清光绪 165

玉器篇

163. 玉璜 商 168
164. 玉璜 商 168
165. 玉玦 春秋 169
166. 玉玦 春秋 169
167. 玛瑙瑗 战国 169
168. 谷纹玉璧 汉 170
169. 谷纹玉环 汉 171
170. 玉珌 汉 172

171. 玉璜　汉 ……………………………172
172. 玉带钩　清 …………………………173
173. 玉簪　清 ……………………………173

金银器篇

174. "太平通宝"金钱　北宋 ……………176
175. 银锭　南宋 …………………………176
176. 筒状刻花卉银奁　元 ………………177
177. 花卉纹银粉盒　元 …………………178
178. 银粉盒　元 …………………………179
179. 花卉纹银碟　元 ……………………179
180. 银盒　元 ……………………………180
181. 银盒　元 ……………………………181
182. 雕花人物纹银盏与托盘　元 ………182
183. 莲花银盏与托盘　元 ………………184
184. 银杯　元 ……………………………185
185. 银唾盂　元 …………………………185

186. 银钵　元 ……………………………186
187. 银钵　元 ……………………………186
188. 银盆　元 ……………………………187
189. 蝴蝶形银香囊　元 …………………188
190. 狮形银佩饰　元 ……………………189
191. 缠枝雕花金钗　元 …………………190
192. 缠丝花纹金钗　元 …………………191

近现代文物篇

193.《六安九上保农民协会会员名册》1930年..194
194. 红军公田碑　1931年 ………………195
195. 抗日阵亡将士纪念碑　1940年 ……195
196. 铜币　1932年 ………………………196
197. 银币　1932年 ………………………197
198. 银币　1932年 ………………………197

后　记 ……………………………………199

概　述

　　青山、绿水、红六安，位于淠河之滨，大别山之北，它是大别山和沿淮区域中心城市，现辖金安、裕安两区和寿县、霍邱、金寨、霍山、舒城五县，设六安经济技术开发区、叶集改革发展试验区，总面积1.8万平方千米，人口710万。是"国家级园林城市"、"国际级生态示范区"和"中国水环境治理优秀城市"。因地处安徽省西部，素称皖西；又因上古四圣之一的皋陶，而称皋城。

　　六安历史悠久，文物众多，是安徽省文物大市。据第三次全国文物普查资料显示，全市共有不可移动文物1701处，其中全国重点文物保护单位11处，即：寿春城遗址、寿县安丰塘、寿县古城墙、寿县淮南王刘安家族墓地、六安汉代王陵墓地、金寨县程端忠墓地、寿县清真寺、寿县孔庙、霍邱李氏地主庄园、六安独山革命旧址群和金寨革命旧址群。拥有全国历史文化名城——寿县和全国历史文化名镇——金安区毛坦厂镇。

一　历史沿革

　　地处江淮丘陵地带的六安，气候温润，物产丰富，是人类理想的栖息地。经考古发掘资料证明，早在新石器时代，华夏先民就在此长期生活、居住，创造出辉煌灿烂的古代文明。

　　新石器时代晚期，氏族部落联盟已在六安地域内形成。皋陶作为上古时代东夷集团的氏族首领，生活于原始社会末期至奴隶社会初期。当时在晋南一带的尧、舜、禹部落已结成强大的联盟（尧都平阳，今山西临汾），成为华夏诸国的核心。皋陶卓有成效地辅佐了尧、舜、禹，"尧得皋陶，聘为大理，舜时为士师"。夏商时期，六安为六国地，是商王朝的重要方国，为偃姓皋陶部族活动和聚居的地方，当时的居民被统称为东夷（也称淮夷），文化面貌与中原接近。"皋陶卒，葬之于六。禹封其少子于六，以奉其祀。"现六安境内李、江、黄、英、徐等20多个姓氏均为皋陶后裔。西周时期，六安境内已形成英、六、蓼、群舒等诸小方国。群舒是春秋时期舒鸠、舒龙、舒庸、舒鲍、舒蓼等偃姓小国的统称。它是周武王灭商后，皋陶后裔受封而建立的，其活跃时间为春秋早、中期，活动区域大致是以今舒城、庐江为中心，东至庐江县，西至六安毛坦厂，南越桐城至怀宁的金拱，北跨肥西至寿县的枸杞。《春秋·僖公三年》记载，公元前657年，群舒被徐所灭，徐最终被楚所灭。

　　战国时期，六安全境属楚。楚，崛起于西周，为春秋时期的南方大国，从公元前7世纪开始逐渐强大。到公元前622年，楚灭六、蓼后，势力伸展到皖西地区，随后与长江下游的吴在皖西地区展开了长达百年的战争。公元前506年，孙武率吴军横越皖西，直捣楚郢都（湖北江陵纪南城）。公元前493年，吴挟制蔡，迫使蔡迁都州来（今安徽凤台）。公元前473年，越灭吴。公元前447年，楚灭蔡。公元前241年，楚迁都寿春（今寿县），六安地区由此成为晚楚的政治、经济、文化中心。

秦统一六国后推行郡县制，皖西属九江郡、衡山郡，在六安地区设寿春和六县。楚汉相争时，项羽封"六"人英布为九江王，都城设于六（据推测为今六安市北西古城遗址），这是历史上六安地区封王的开始。西汉初年，英布叛楚投汉，被刘邦封为淮南王，都城仍设于六。公元前196年，英布又举兵反汉，被汉军追杀于鄱阳湖畔。随后，刘邦封其子刘长为淮南王，设都寿春（今寿县）。公元前200年，刘邦封侄儿刘信于龙舒（今舒城县境），号羹颉侯。此外，西汉还在今舒城县境内另置龙舒县，今霍山县为潜县地境，两县皆属庐江郡。公元前164年，汉文帝将淮南国一分为三，封刘长的三个儿子刘安、刘勃、刘赐为淮南王、衡山王、庐江王。今寿县和六安北属淮南国，今金寨、金安区、裕安区、霍山、霍邱属衡山国，今舒城县属庐江国。公元前121年，淮南王刘安、衡山王刘赐谋反案发，二王自杀，汉武帝取"六地平安，永不反叛"之意，设置六安国，封胶东王少子刘庆为六安王，辖六、蓼、安丰、安风、阳泉五县。从此，六安之名一直沿用至今。东汉时，废除诸侯国，在全国实行郡县制，寿春属九江郡，其余均属庐江郡。九江郡辖寿春、成德两县，庐江郡辖六安、潜县、安风、阳泉、安丰、云娄、龙舒等县，统归扬州刺史部管辖。

三国时期，六安地区由魏控制。两晋时，分属豫州的安丰郡和扬州的淮南郡、庐江郡。南北朝时期，六安先属南朝，后属北朝。

隋开皇初年（公元581年），改岳安县为霍山县，与六安、舒县、开化、渒水五县同属庐江郡（郡治合肥）。开皇十九年（公元599年），开始设霍邱县，与霆春、安丰同属淮南郡（郡治寿春）。公元588年，隋文帝派杨广进驻寿春，并以此为基地，统一了全国。

唐代，六安大部分地区属寿州，舒城属舒州。

五代十国，六安地区先属吴国，继属南唐，后属后周。

北宋时，六安分属淮南西路寿州和庐州。寿州辖寿春、安丰、六安、霍邱等县，州治下蔡（今凤台县城）。庐州辖舒城县，州治合肥。重和元年（公元1118年）升六安县为六安军，直属淮西路。

南宋绍兴十二年（公元1142年）降六安军为六安县，升安丰县为安丰军，辖原寿州境地，治所寿春。舒城县属庐州。端平元年（公元1234年）废六安县。景定五年（公元1264年）恢复六安县，升设六安军，直属淮西路。

元代时，六安以北属河南行省安丰路，以南属庐州路。安丰路，辖寿春、安丰、霍邱三县，治所寿春。庐州路辖六安州、六安、霍山和舒城县，治所合肥。末年开始设六安州。

明朝建立后，废行省，设三司，六安分属凤阳府和庐州府。凤阳府，辖寿州和霍邱；庐州府辖六安州（六安县入六安州）和霍山、舒城。

清朝初年，实行省、府、县三级管理体制，六安属江南行省左布政使司所辖的寿州和六安州管理。1667年，清政府将江南行省划分为江苏和安徽两省，安徽省正式建立，六安分属凤阳府、颍州府和庐州府，霍邱县属颍州府，寿州属凤阳府，六安州、霍山县和舒城县属庐州府。1724年，六安州成为直隶州，辖霍山县。

中华民国时，改寿州为寿县，改六安州为六安县，连同霍邱、舒城、霍山三县均隶属于安徽省。

1949年设六安专区，属皖北行署区，专署驻六安县，辖六安、舒城、霍山、金寨（原立煌县）、霍邱、寿县等六县。

中华人民共和国成立后，六安专区辖境未变。

1971年，六安改专区为地区，辖境不变。

2000年，省辖六安市成立，六安由此开始了一个新的纪元。

二 考古发现

六安境内新石器时代遗址数以百计，有的还延续至商周时期。据考古发掘资料显示，距今六千年前的霍邱红墩寺遗址和扁担岗遗址真实地留存着人类生活的印记，这是目前皖西境内发现的最早人类遗迹。与之相当或稍迟的还有霍邱的绣鞋墩、古城子、青莲寺、斗鸡台、找母河大城遗址，舒城的叶墩、黑虎城、杨家岗头遗址，裕安区的谢后墩遗址，金安区的邬墩遗址，金寨的高庙子、小磨盘山遗址和寿县的点将台遗址等。在这些遗址中捡选出的标本有鼎、鬲、豆、盉等陶器，纹饰有绳纹、划纹、方格纹等，胎质有泥质、夹砂等，陶色有灰、红、黑等；石器均为磨制，有斧、锛、铲、镰等工具；还出土有炭化了的稻谷。这些都表明，早在新石器时代，六安农业及手工业生产就已经具备了较高的水平。

1987年，安徽省文物考古研究所对位于霍邱县城南60千米处的红墩寺遗址进行了考古发掘。发掘资料表明，该遗址为新石器时代至商周时期文化遗址。在遗址新石器时代地层中出土了大量的红衣陶，分外红内红和外红内黑两种，纹饰有绳纹、篮纹、方格纹、弦纹、附加堆纹等。另有少数彩绘陶，为黄底红彩或红底褐彩，少数红底黄彩；纹饰有弦纹、网格纹、三角纹等。红墩寺遗址具有明显的皖西地域特色，对研究江淮地区史前历史文化具有重要意义。

华夏文明在商周时期以加速度向前发展，襟江带淮的古皖西地区在这一文明发展的进程中表现突出。皖西地区调查发掘了大量商周时期的遗址，代表性的有邬墩遗址、谢后墩遗址、八腊庙遗址、刘家岗头遗址、堰墩遗址、东城都遗址、绣鞋墩遗址等，出土了大量的陶器和磨制石器，反映了古代先民的生产力水平和审美情趣，具有十分重要的学术价值和社会意义。

1999年3月，原六安地委党校兴建礼堂时出土了一件青铜重器——商代兽面纹尊（为我馆镇馆之宝），这是目前国内已公开发表资料中，同类器中体型最大的一件，这口尊极有可能是殷王赏赐给其重要封国——六的重礼器，六国灭亡时，散落于民间。1977年，我馆从原六安县土产公司废品收购站又拣选出几件商代青铜酒器爵、斝、觚，品相好、级别高，它们与兽面纹尊一起，构成我馆商代文物的重要收藏。

西周时期是我国奴隶社会向封建社会转变的变革时期，王室铸器减少，各诸侯国铸器增多，皖西地区的吴楚争战又使得地方土著文化在战争的狭缝中得到发展空间，群舒文化便是突出代表。群舒青铜器有着鲜明的地域特点，器物风格既有别于中原地区，也不同于安徽其他地区同时代的楚器与蔡器，并常以组合形式出现。我馆收藏有一批1988年在舒城县河口镇幸福村窑厂墓葬中发掘出土的群舒青铜器，有牺首鼎、鸟纹鼎、蟠螭纹盖鼎、簠、双耳盉、鸟纹盉、缶等，造型古朴、厚重，极具地方特色，是研究群舒文化的重要实物资料。

寿春，是战国晚期楚国最后一个都城所在地，建都共19年。1983年以来，通过钻探、试掘和红外线遥感解析等方法得知，城址位于淮水与淝水交会的三角地带，即今寿县城东南，总面积约26平方千米。城内明显的中轴线和整齐划一的纵横水道，将城区分隔为10多个规整的矩形区域，宫殿区集中在城址北部。1985年在柏家台发现的大型建筑基址，应是城址宫殿建筑的一部分。司马迁在《史记·货殖列传》中记述的"郢之后徙寿春，亦一都会也"，即是此址。该遗址的勘明，对于揭示楚国晚期的社会经济发展水平和社会关系面貌，具有极为重要的意义，是全国考古重要发现之一。

改革开放以来，六安清理发掘了数千座战国、两汉墓葬，其中尤以城西战国楚墓、城东白鹭洲战国双墓和六安王刘庆墓最具代表。

1991年在六安市城西乡发现的战国楚墓，是六安境内迄今已发掘的战国早期墓葬中规模最大、规格最高的一座墓葬。该墓葬出土器物200余件，其中成套乐器编钟、镈钟、编磬等仿铜陶明器的出现，为过去楚墓所罕见。此外，墓中还发现了我省江淮地区战国楚墓中第一例人殉现象，这不仅为解析六安地区楚文化面貌提供了新的实物资料，同时也丰富了楚史和楚文化的研究内容。

2011年3月，安徽省文物考古研究所在六安经济技术开发区金领欢乐世界建设基地内，抢救性发掘了两座带墓道的竖穴土坑墓。两座墓葬位于白鹭洲中心地带的岗垄上，南北并列，相距10米，为战国时期同茔异穴夫妻合葬墓。共清理出土两套较完整的木质棺椁及各类随葬品200余件，其中，直径27厘米的六山纹铜镜，保存极为完好，是目前全国已发现的六山纹镜中最大的一件，堪称六山纹镜"镜王"。这两座墓葬均未被盗扰，保存完好，随葬品丰富，在六安已发掘的战国墓葬中较为突出，为研究楚人入主江淮地区以后的历史和文化变迁提供了新的资料。

六安西古城遗址（又名白沙城）位于六安市城北乡，与东古城遗址相距仅300米。据史料记载，此地楚汉相争时为九江王英布首邑，现为省级重点文物保护单位。1982年，经考古试掘得知，西古城遗址包含着新石器时代至西汉时期的文化遗存。遗址呈长方形，由于淠河的冲刷，西垣已被冲毁。现存遗址南北长471米，东西宽229米，城址四周的夯土城基保存尚好，城墙四角的城堡遗迹清晰可见，是我省最具有重要历史价值的古城遗址之一。而位于原六安县城西9千米的裴家滩古城遗址，则是西汉时六安国都城遗址。

2006年3月，沪汉蓉高速铁路的建设施工打破了六安城东卅铺双墩村一片原本寂静的土地，配合铁路施工进行的抢救性考古发掘，引发出国家文物局副局长童明康对此发出的"天降祥瑞，紫气东来"的无限感慨与美好寄望。双墩一号西汉六安王墓，经历了两千多年的尘封，完全地展现在世人的面前。

六安双墩一号汉墓，2006年入选为"全国十大考古新发现"。它坐西朝东。墓全长45米，墓坑长17米，宽12米；现存封土底径55米，高10米。墓室为木结构，长9.1米，宽7米，高3.5米；外椁为木椁，长4.6米，宽3.1米，高1.9米。墓内椁室为"黄肠题凑"制式，属汉代帝王及诸侯王特有的葬制，在安徽属首次发现。迄今，这种棺椁制式仅在北京、河北石家庄、陕西西安、江苏扬州、湖南长沙等地发现过，并均为诸侯王或王后陵寝，以北京丰台区大葆台一号汉墓最为完整壮观。

双墩一号汉墓"黄肠题凑"墓室结构保存完好，共用木材200多立方米，木材品类是皖西盛产的栗木，还有部分樟木。"题凑"内回廊分隔室的结构、木椁与石椁双椁等十分独特。棺为重棺，内棺长2.32米，宽0.95米，高0.95米，髹漆外黑内朱，内棺外侧有红色云纹彩绘，棺外盖两侧及两端装饰排列整齐的鎏金铜质柿蒂纹和菱形纹镶件，棺盖四角及中间两侧各放置一面铜镜，镜面朝上，整个内棺显得华丽精致。题凑外的外藏室有各种立柱、横梁、穿榫和半榫等精巧木结构，各类随葬品都分区有序地放置在外藏室中。

根据一号墓的地望、规制、出土文物及文物上的铭文分析，发掘者认为该墓是六安王刘庆之陵墓，双墩二号墓，按照两汉"同茔不同穴"丧葬规制，应为刘庆王后墓。

在双墩一号、二号墓四周，还有3对封土巨大、左右并列的连体双墩，当地人称之为"八大墩"。每处双墩都有一个独立的小陵区，设有陵墙、司马道和大型建筑基址。特别是其中的马大墩，1978年兴修水利时发现有一座车马坑，出土的文物与双墩一号墓车马坑中出土物造型、风格极为相近。由此大致可以判断是其他六安国国王和王后的墓。按照当时"为棺椁衣衾"、"又详聚土，树表其上"的葬俗，周边30余座大大小小的墩子也极有可能是六安国王公贵族、列侯、始封贵人、公主的墓地。经过初步考古勘探，这一区域被确定为西汉六安国的王陵区，是迄今为止发现的西汉时期保存较为完整的诸侯王王室墓葬群之一，其核心区面积有近5平方千米，2013年被列为国家级文物保护单位。

六安已清理发掘的宋代墓葬均为小砖室墓，多为船形，少数平面呈腰鼓形，分前后室，出土的器物以各类瓷器居多。我馆基本陈列中复原了一座宋代砖室墓，券顶的墓门，从截断的部位可以看出穹隆式墓顶的大致轮廓。墓室内壁上嵌有条几、灯台、窗棂、桌、椅、镜台、衣架等，非常形象逼真，墓主人生前的生活场景被完全地带入到墓中。

1981年6月，在原六安县南35千米处的嵩寮岩乡花石咀村，清理发掘了一座元代夫妻合葬墓。两座墓室位于半山的红砂岩石中，被凿成长方形的竖坑，相隔70厘米。墓室长2.7米，宽1.1米，深1米，上面用6块长方形石板封顶，石板的边缘凿有子母口，与墓室吻合。在这层石块上铺垫一层土和木炭后，又加盖了一层石板，两层石板紧紧地护卫着墓室。墓葬保存完好，共出土了18件精美金银器以及木梳、铜镜、铜钱等文物近百件。其中，妻子墓中出土的筒状刻花卉银奁，重2070克，状如冬瓜，八角棱形，内分三格，通高25.5厘米，口径20.7厘米。奁顶部镌刻一只飞舞在栀子、萱草、梅花、海棠、芙蓉等花丛中的凤凰，第一格内放置一面铜镜，第二格里放置的是一把木梳和四个圆形的银粉盒，还有一支铜粉具；第三格里则放置一件银碟，四件银粉盒，两件银粉具，一件银蝴蝶形香囊和一件银狮形佩饰。同墓出土的雕花人物纹银盏与托盘更是精美绝伦。少女观球盏，高5.3厘米，口径8.5厘米，足径3.6厘米，盏由两层薄银片合成，敞口、弧腹、平底、矮圈足，中心膝坐的一童子正在戏弄着一花球，对称式人物竖耳，耳为两个头梳双髻、身着长衫的少女，少女脚踏莲花，双手轻扶盏沿，凝视着盏内的男童。盏外侧通体装饰浮雕的折枝花卉。四童舞花托盘，高1.5厘米，口径18.3厘米，平折卷沿、浅腹、平底，口沿饰忍冬纹，内饰牡丹花，盘内花丛中有两对男女童子，各手持折枝花卉作舞蹈状，人物在怒放的花丛中显得活灵活现、十分生动可爱。整个器形构思巧妙、工艺精湛，加之鎏金工艺的使用，使之更显华丽唯美。

现存的六安州城古城墙，位于淠河东岸、云路桥北，始建于隋开皇元年（公元581年），在唐宋元时期，均为土垣墙。明洪武十三年（公元1380年）改建为砖石墙。明洪熙元年（公元1425年）、成化七年（公元1471年）两次地震和正德七年（公元1512年）河北农民军起义攻城时，城墙遭到严重毁坏。正德九年（公元1514年），知州李衮重新修建、扩建，筑砖石城墙1910丈（3297.6米），置敌台27座，东南西北设朝京、镇南、通济、武定四门和南北两个水关（下水道），奠定了古城规模。然而，六安地处要冲，向来兵家必争。古城屡遭兵燹，然亦修筑不止。清咸丰年间（公元1851~1861年），城墙再度多处毁废，同治十年（公元1871年）方修复如旧。民国二十八年（公元1939年），抗战烽火，彻底摧毁城墙。据地方志记载，六安自建砖石城墙以来，被毁30余次，修城历史长达500余年。六安市委、市政府十分重视六安古文化的传承保护，2003年拨专款对沿河150米毁废古城墙予以抢救性修复，依照"修旧如旧"的原则恢复了现存这段古城墙的原貌。2004年报经安徽省人民政府批准，六安古城墙被列为省级重点文物保护单位。

三　本馆及馆藏文物情况介绍

皖西博物馆是国家二级博物馆，属地市级综合类，是展示六安地区历史文化发展进程的综合场所，行政隶属六安市文化广电新闻出版（版权）局。

在我国，博物馆的命名一般多以省名、市名命名，皖西博物馆是全国少有的以地理方位命名的博物馆，成立于1980年，1987年正式对外开放。老馆位于六安市人民东路，占地面积13500平方米，建筑面积4610平方米，主体建筑为仿皖南徽派民居建筑。2008年，为适应六安中等城市建设的需要，六安市委、市政府斥资建设新馆。2011年2月12日，一座占地27000平方米、建筑面积12486平方米、陈列面积6800平方米、文物库房面积2097平方米、公共服务及办公区面积3589平方米，功能齐全、内容丰富、服务优质的新的皖西博物馆正式向社会免费开放。新馆位于六安市佛子岭中路、市行政中心东侧，主体建筑为仿汉代建筑，内设宣教部、保管部、陈列部、办公室、保卫部。多年来，皖西博物馆作为全国重点博物馆之一、安徽省爱国主义教育基地、安徽省国防教育基地、六安市精神文明建设的重要窗口，在全市各项建设中发挥着重要的作用。

皖西博物馆陈列分基本陈列、专题陈列、临时展览三大类。陈列布局特点是：基本陈列展示物质文化，专题陈列展示非物质文化，临时展览则起着调节、丰富、活跃陈展体系的作用。

基本陈列《走进皖西》，以历史的进程为脉络，以青铜文化、陶瓷文化、葬制文化、红色文化为主题，分"皋陶魂"、"星光灿烂"、"八月桂花遍地开"三大部分，以近900件最具地域特色的文物和近700张文献、历史图片等展品，在4000多平方米的展区内，重点展示皖西地区从新石器时代、夏、商、周直至近现代几千年来人类文明的兴衰、沧桑及新民主主义革命的艰难曲折与波澜壮阔。

六安，地处大别山，得天独厚的自然条件孕育出特色鲜明的地域文化，生活在这里的人民创造出了一个又一个鲜活的民族艺术，这些民族艺术作为六安非物质文化遗产的代表，承载着六安悠久的历史和灿烂的文明。目前，全市拥有国家级非物质文化遗产6项，省级非物质文化遗产24项，市级非物质文化遗产30项。我馆以此为内容，打造专题陈列《文脉延绵——非物质文化遗产展》，以"百姓的天籁——传统表演艺术"、"永久的艺术——传统美术"、"不灭的印记——传统技艺"、"不断的根脉——民俗"四个单元，集中展示了六安具有地方特色的29项非物质文化遗产项目。

此外，我馆每年均举办十几个临时展览。丰富多彩的临时展览，不时地调节着陈展节奏，丰富着陈展内容，使我馆已经形成基本陈列、专题陈列、临时展览互为补充、交相辉映的陈展体系。

皖西博物馆现有馆藏文物、标本万余件（套），其中珍贵文物三千多件（套）。分铜器、陶瓷器、玉石器、金银器、钱币及近现代文物等诸多类别。

（一）铜器类

铜器类藏品是我馆的特色馆藏。皖西境内出土了大量青铜器，尤以楚国青铜器居大宗，晚楚19年在皖西境内留下的众多青铜器，向世人彰显着楚国的荣耀与辉煌。与此同时，古朴的群舒青铜器，也向人们展示出皖西独特的地域文化魅力。

"折戟沉沙铁未销，自将磨洗认前朝。"六安自古为重要的军事要地，春秋战国时期的吴、楚之争，南北朝时期的淝水之战等，均发生在这里。我馆藏有的兵器、车马器数量大、品种多、质量高，折射出当时战争频繁的时代背景。

"当户理红妆，对镜贴花黄。"在我馆青铜类藏品中，铜镜的藏量很大，延续时间较长，早到战国，晚至明清。其中，汉镜藏量居首，战国镜、唐宋镜次之，均品相较高。因篇幅有限，加之已有《六安出土铜镜》出版，此次仅选了20面最具代表的铜镜收入。

杂项类藏品数量亦较多，其中不乏精品。如1982年原六安县西古城遗址出土的战国时期楚国官印"大莫嚣玺"。2002年六安市金安区九里沟窑厂出土的战国时期跽坐铜人，虽为残器，但它栩栩如生的姿态，精细逼真的发髻、服饰却彰显着它独特的魅力，是研究古代服饰史一件很好的实物。

（二）陶瓷器类

我馆收藏的陶器，早到西周，其中汉代收藏尤为丰富。陶器是两汉时期人们的主要生活用具，随着漆器工艺的成熟，漆器工艺开始被引入陶器制作中，漆皮陶器和漆绘陶器由此诞生。漆皮陶器的脱水保护是各博物馆，尤其是基层博物馆的技术难点，我馆藏有一组目前在国内保存较为完好的汉代漆皮陶器，有鼎、盒、匜、杯、釜、钫、钟、壶、蒜头壶等，为1997年8月原六安地区九里沟西汉墓中成套出土，这批器物历经近20年岁月的磨洗，性能已相当稳定，是我馆的一项特色馆藏。

馆藏瓷器，早到东汉，此后各代均有收藏，其中唐宋时期藏量居多，"寿州窑"和"霍山窑"瓷器代表着鲜明的地域特色。此外，繁昌窑口的青白瓷器在许多宋墓中也大量出土。而20个世纪80年代初，由中国文物总店下拨的一批清代官窑瓷器则是我馆瓷器收藏的一大亮点，这批瓷器中有雍正年款青花红云龙纹盘，乾隆年款青花云龙纹盘，道光年款粉青釉穿带瓶，光绪年款的茶叶末釉瓶、霁蓝釉渣斗、窑变红釉穿带瓶、青花缠枝莲赏瓶、黄底粉彩万寿无疆盘、霁蓝釉象耳方瓶、粉青釉八卦瓶、青花壁挂等等，件件品相上乘，美不胜收。

（三）玉器类

我馆收藏的玉器数量不多，多为早期墓葬中出土。器类有璜、玦、瑗、璧、环等。

（四）金银器类

宋元时代是金银器占主流的时期，种类繁多，多以小件饰物和生活用具为主，其中首饰多为金器，生活用具多为银器，线刻的花卉人物、瑞兽等是主流装饰纹样。相比其他类器物，六安出土的金银类器物数量有限，1981年6月，原六安县南35千米处的嵩寮岩乡花石咀村元代夫妻合葬墓中出土的18件金银器成为我馆此类器物的重要收藏，此次收录的金银类器物大多出自该墓。

（五）近现代文物类

六安是中国革命的摇篮之一，是108位共和国开国将军的故里，红色资源丰厚。因此，革命文物是我馆一大特色馆藏。我馆藏有反映农协活动的《六安九上堡农民协会会员名册》，有反映根据地土地革命的"红军公田碑"，有反映红色经济的"皖西北苏维埃铜币"、银币、"皖西流通券"等，有反映武汉保卫战外围战场霍山鹿吐石铺战斗的见证霍山"抗日阵亡将士纪念碑"等等，它们共同见证着皖西为中国革命做出的巨大贡献！

受篇幅所限，我们仅从中遴选出198件（组）最具地域特色的代表性器物集结成册，其中铜器类103件（组）、陶瓷类59件（组）、玉器类11件（组）、金银器类19件（组）、近现代类6件，期望通过它们能较为全面地展示出皖西文化的独特魅力。

皖西博物馆馆长　陈曙光

2013.11.3

皖西博物馆文物撷珍

铜器篇

夏、商、西周时期,皖西地区以「六」国为代表,文化面貌与中原文化接近。春秋时期,以群舒文化为主。群舒青铜器多成组出土,造型古朴,器物风格既有别于中原地区,也不同于安徽其他地区同时代的楚器和蔡器,极具地方特色。战国时期,皖西地区出土了大量的楚国青铜器。

本次收录的铜器共103件(组),大部分有明确的出土地点。分容器、兵器、车马器、工具和其他五类。容器有商时的尊、爵、斝、罍,两周时的盖鼎、盉、盏、敦、盆、盖壶等;兵器有戈、剑、戟、镞、弩机等;车马器有軎辖、车饰、衔镳等;其他类主要为品类繁多、时代跨度大的生活用器铜镜。

1 兽面纹铜尊　商

六安市委党校礼堂施工工地出土
口径60.5、腹径39.8、底径36、高70厘米

大敞口，方唇，长直颈，宽折肩，直腹略内倾，下部作圆弧状折收，平底，高圈足外侈。颈下部饰三周凸弦纹。肩部间饰三牛首、三立鸟及三对夔龙纹。腹与足部主纹饰区各饰三组兽面纹，每组兽面纹以一道扉棱相隔。足根部有两周凸弦纹，其间的三个不规则方形镂孔与肩部立鸟及腹、足部扉棱同处一道纵线。通体纹饰以云雷纹为地，呈三叠花纹。

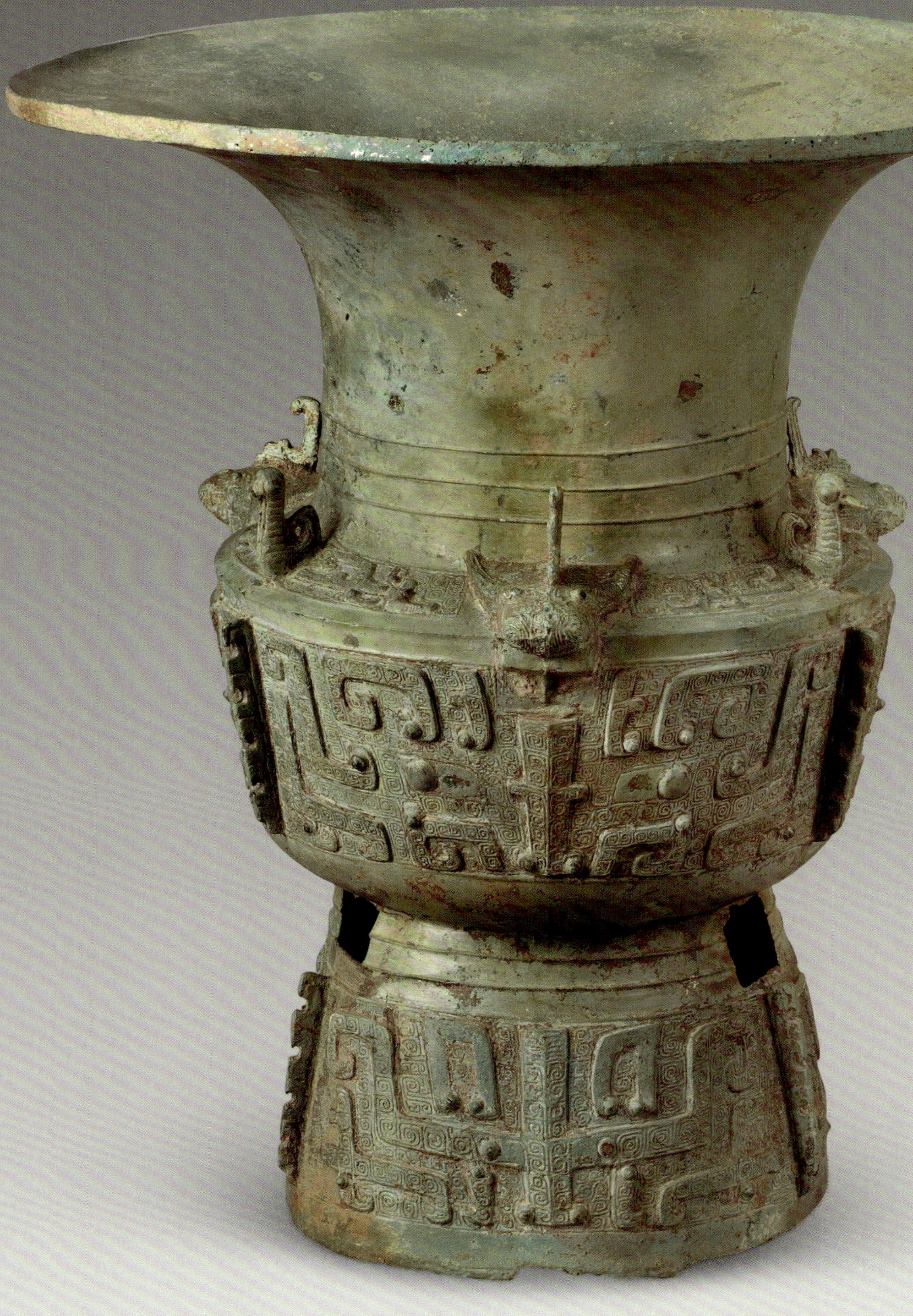

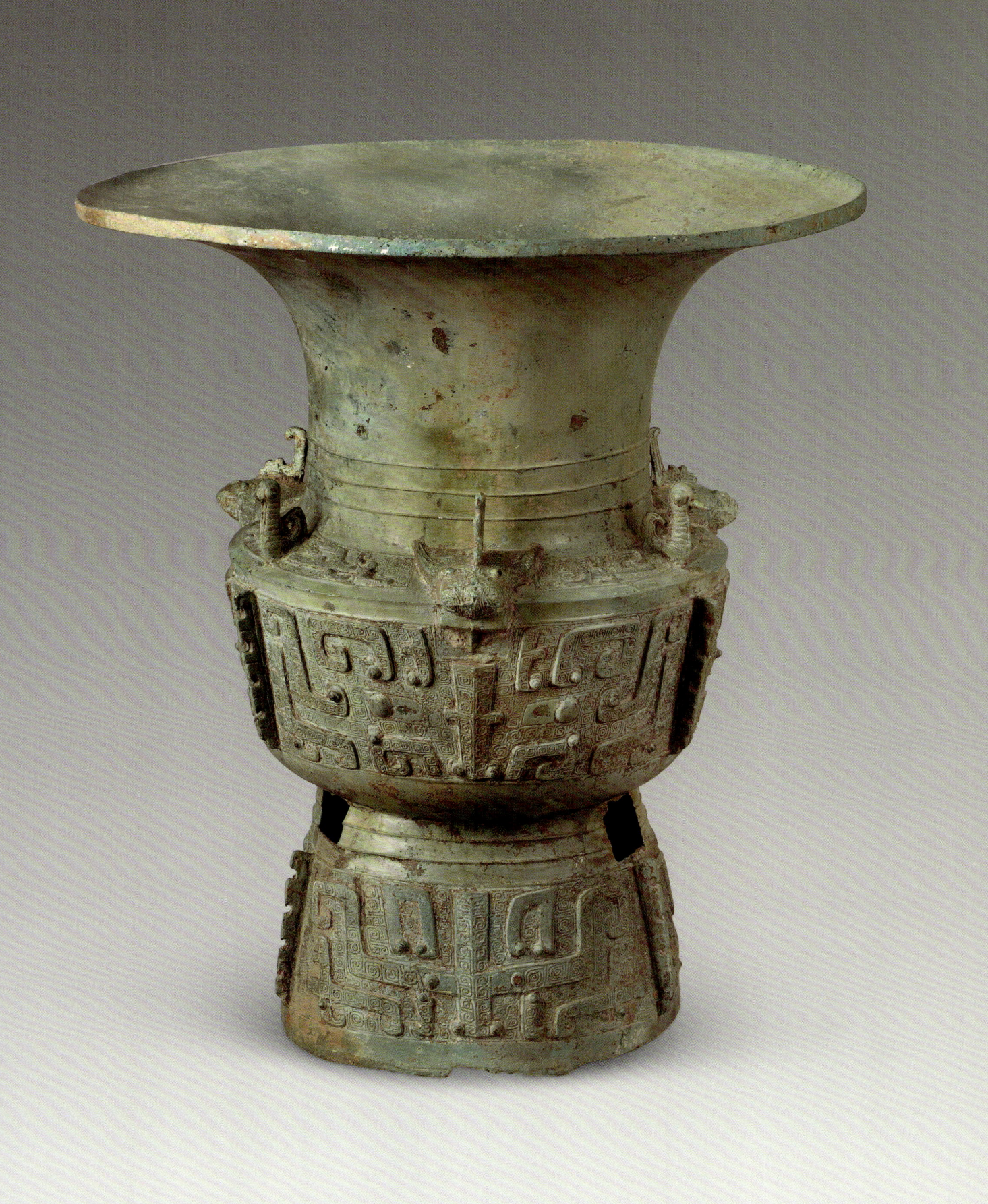

2 弦纹铜斝　商

原六安县土产公司废品仓库拣选

口径15.1、底径12.2、高18.9厘米

宽体分段锥足式。侈口，口沿上有两菌状柱。颈高且粗，浅腹呈圆弧状鼓出。颈腹间置半环形鋬，鋬身窄而扁。平底，下承三空锥足。颈间饰三道凸弦纹。

3 兽面纹铜觚　商
原六安县土产公司废品仓库拣选
口径14、底径9.4、高25.8厘米

侈口，长身，束腰，高圈足。下腹部饰简单的一周兽面纹，兽面纹上、下分别饰数道凸弦纹。圈足上有三个十字形镂孔。

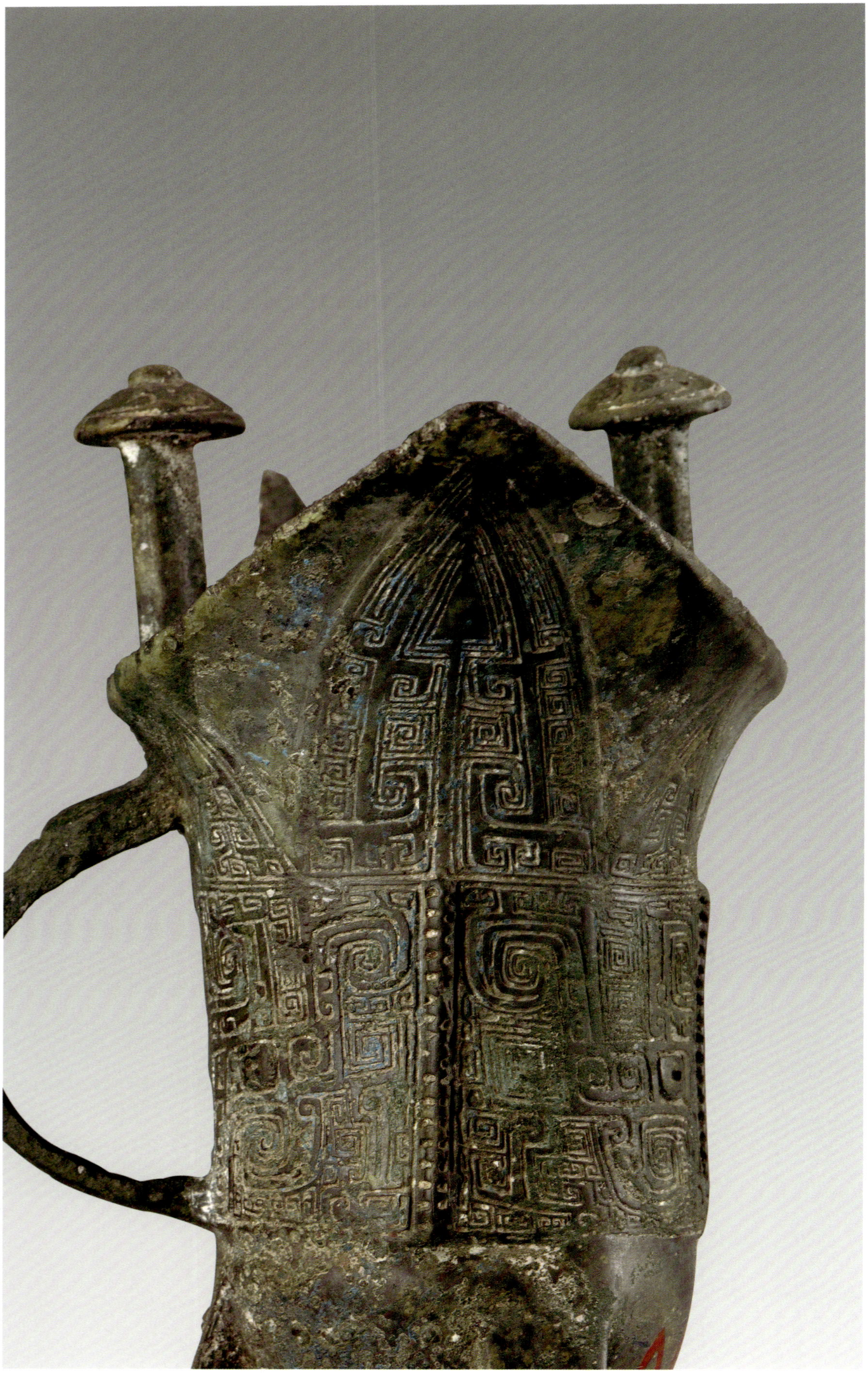

4 兽面纹铜爵　商

六安市三里街废品公司拣选
流尾长16、高19.3厘米

侈口，前有半筒形长流，后有尖状尾，菌形双柱位于流末端，柱体截面呈半圆形。直壁深腹，一侧有半环形鋬，鋬身窄而扁。圜底，三棱形锥状足外撇明显。柱顶饰涡纹，器腹饰蕉叶纹、兽面纹，并以云雷纹衬地。鋬顶端饰龙首。

5 兽面纹铜爵　商

原六安县土产公司废品仓库拣选
流尾长17、高19.7厘米

　　侈口，前有半筒形长流，后有尖状尾，菌形双柱位于流末端，柱体截面呈半圆形。直壁深腹，一侧有半环形鋬，鋬身窄而扁。圜底，下承三只三棱形锥状足。柱顶饰涡纹，器腹饰兽面纹，并以云雷纹衬地。鋬顶端饰龙首。

6 弦纹铜爵　商

原六安县土产公司废品仓库拣选
流尾长17、高20厘米

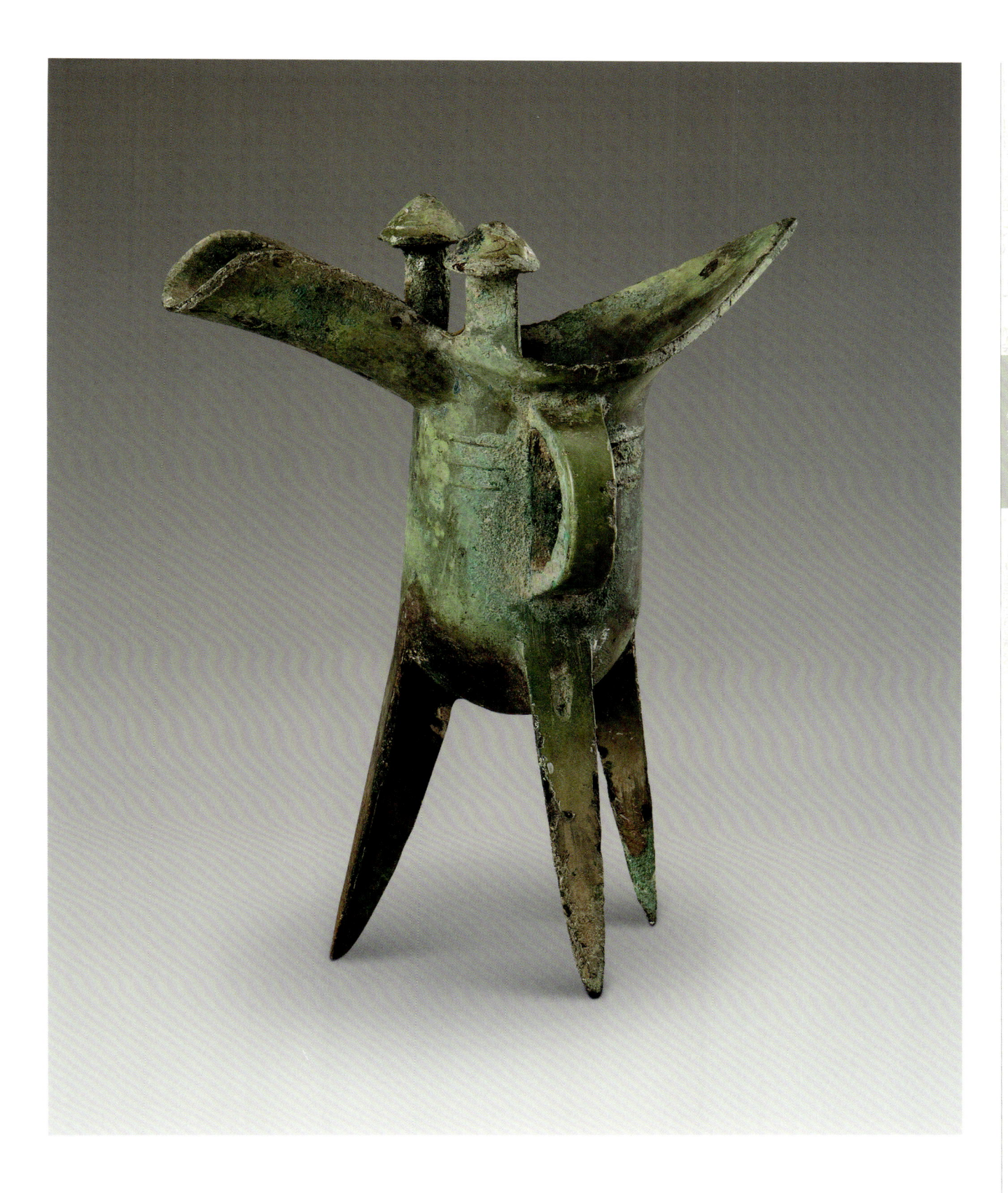

侈口，前有半筒形长流，后有尖状尾，蘑菇状双柱位于流末端，柱体截面呈半圆形。直壁深腹，一侧有半环形鋬，鋬身窄而扁。圜底，下承三只三棱形锥状足。柱顶饰涡纹，腹上部饰凸弦纹三周。

7 兽面纹铜爵　商

原六安县土产公司废品仓库拣选

流尾长17.5、高18.5厘米

侈口，前有半筒形长流，后有尖状尾，蘑菇状双柱位于流末端，柱体截面呈半圆形。直壁深腹，一侧有半环形鋬，鋬身窄而扁。圜底，下承三只三棱形锥状足。柱顶饰涡纹，器腹饰蕉叶纹、兽面纹，并以云雷纹衬地。鋬顶端饰龙首。鋬内腹壁阴刻"己🀆"族徽。

8 "子汤"铭铜盖鼎 春秋

六安市九里沟乡窑厂出土
口径13、腹径25.2、残高27.6厘米

由盖与身两部分扣合而成。盖平顶，直壁，顶中央立一小环纽。器身直口，丰肩，扁鼓腹，圜底，下承三兽面有趾蹄足，三兽首造型各异。腹中部以等距饰凸弦纹三周，两只镂空半环耳对置于其间。肩部阴刻十四字铭文："襄惠子汤之囗，子子孙孙永保用之。"

9 鸟纹铜盖鼎（两件） 春秋

舒城县河口春秋墓出土
口径26.2、26.5厘米，腹径30.5、30.6厘米，高30厘米

由盖与身两部分扣合而成。盖平顶，中央置扁条状高拱形纽，周围分立三个曲尺形扁捉手。顶面饰一周窃曲纹，捉手上饰云雷纹。鼎身子口内敛，扁鼓腹，上部附两长方形耳，圜底，三蹄足。腹上部两道凸弦纹间饰一周鸟纹，耳饰圈点纹。

铜器篇

10 窃曲纹铜盖鼎 春秋

舒城县河口春秋墓出土

口径10.4、腹径17.8、通高21.3厘米

盖平顶,中央置半环形纽,直壁。器身扁鼓腹,肩上附两长方形耳,阔底,三蹄足。盖顶面、腹上部各饰一周窃曲纹,耳饰圈点纹。

11 蟠螭纹铜盖鼎 春秋

六安市九里沟乡窑厂出土
口径25.4、腹径27.1、高22.8厘米

由盖与身两部分扣合而成。盖顶稍鼓，折沿，小方唇。顶中央有一衔环环组，另有三环组分布于盖顶边缘。器身口略敛，口下起一周凸棱用以承盖，斜弧腹较深，圜底边缘有一周宽凸棱，下承三兽首蹄足。长方形附耳略外侈。盖顶及器腹上部饰蟠螭纹，间有凸绳纹、绚纹、蝉纹，附耳内外饰蟠虺纹。

12　蟠螭纹铜盖鼎　春秋

六安市九里沟乡窑厂出土
口径20.5、腹径23.9、通高22厘米

由盖与身两部分扣合而成。圆隆盖，盖顶有六挡圆环形捉手，盖缘对置两环钮。器身敛口，口下出一道凸棱以承盖，深弧腹，圜底，下承三兽首蹄足。长方形直附耳，腹中部两只环钮前后对置。盖、腹纹饰以蟠螭纹为主，间饰重环纹、变形蝉纹。

13　牺首铜鼎　春秋

舒城县河口春秋墓出土

口径19.8、腹径20.2、通高23.6、通宽27厘米

缺盖。器作牺形。敛口，方唇，平折沿，深腹，腹壁自上而下渐侈。圜底，三蹄足。腹一侧有牺首，两目圆瞪，犬齿突出口外，头上竖立一对犄角，角下部与双目外围延成一体，上饰重环纹。其对侧有扉棱状牺尾，上饰方块纹。首尾间附长方形双耳。腹上部饰一周窃曲纹，耳饰圈点纹。

14 弦纹铜簋 春秋

舒城县河口春秋墓出土
口径13.8、腹径22、足径16.8、通高17.2厘米

由盖与身两部分扣合而成。盖呈覆碗形，喇叭形提手。器身敛口，溜肩，垂鼓腹，平底，矮圈足。肩部附一对半环耳。盖面及肩部各饰两周凸弦纹，器底有长方形铸口痕迹。

15 铜缶　春秋

舒城县河口春秋墓出土
口径18.8、腹径31.4、底径17.5、通高24.4厘米

平顶盖，中央置半环纽。器身侈口，宽折沿内倾，束颈，广肩，深鼓腹，上腹部附一对半环耳，下腹部内收，平底。

16 鸟纹铜盉　春秋

舒城县河口春秋墓出土
口径14、腹径14.9、流长4、鋬长13、通高19厘米

上部作敞口折弧腹盆形，束腰，口沿外饰一周六组鸟纹。下部为鬲形，弧裆，三空心足。一侧有短直流，一侧有鋬。鋬呈圆管形，分为两段，连接处留有圆孔以便固定，末端卷曲。

17 铜盉 春秋

舒城县河口春秋墓出土
口径12.7、腹径21.3、底径11、高15.5厘米

平顶盖,中央置半环纽。器呈缶形。侈口、宽平沿外折、束颈、广肩、圆鼓腹,腹上有一对半环耳和一管状流,流根部略粗,平底。

18 龙纹铜敦　春秋

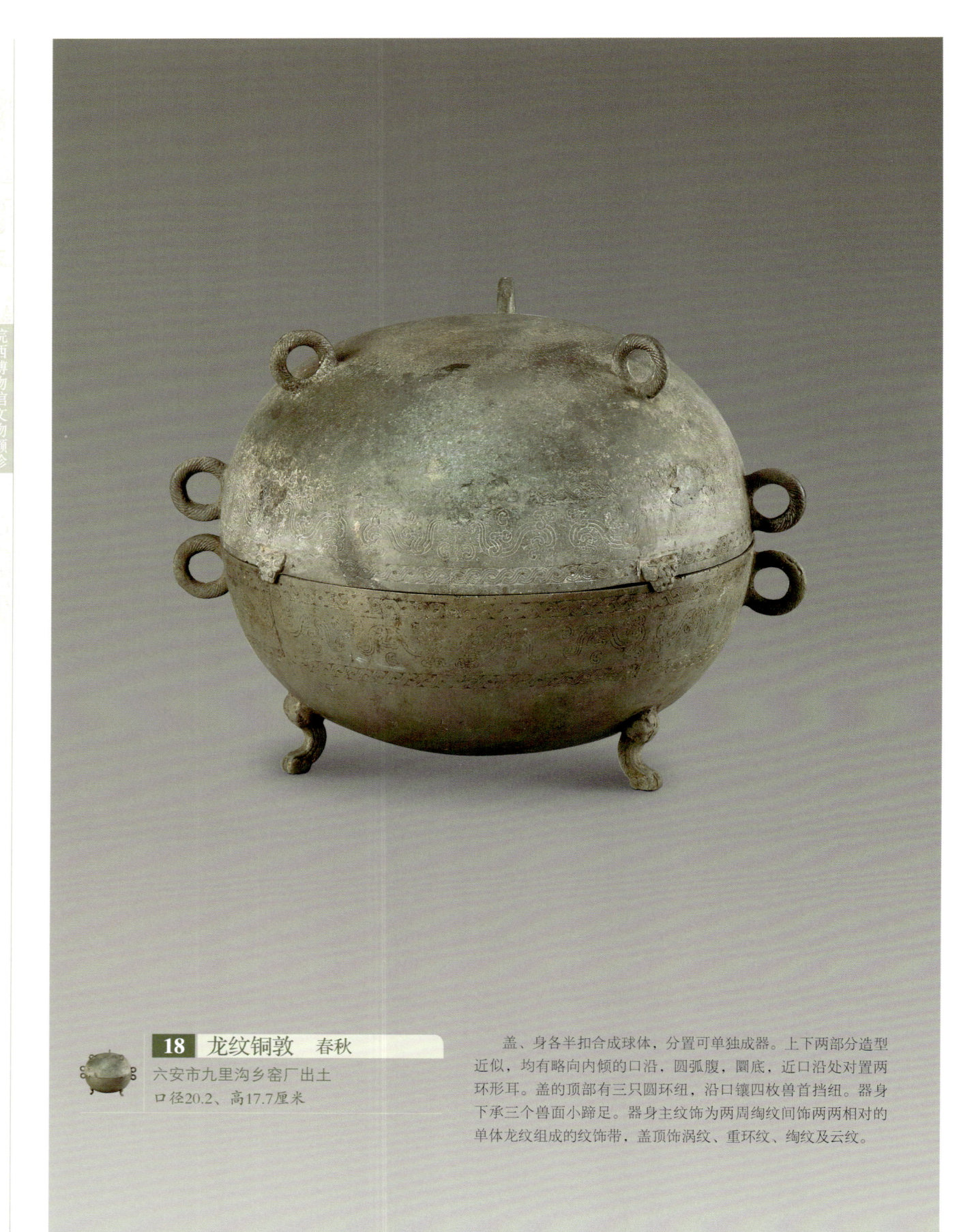

六安市九里沟乡窑厂出土
口径20.2、高17.7厘米

　　盖、身各半扣合成球体，分置可单独成器。上下两部分造型近似，均有略向内倾的口沿，圆弧腹，圜底，近口沿处对置两环形耳。盖的顶部有三只圆环纽，沿口镶四枚兽首挡纽。器身下承三个兽面小蹄足。器身主纹饰为两周绚纹间饰两两相对的单体龙纹组成的纹饰带，盖顶饰涡纹、重环纹、绚纹及云纹。

19 蟠螭纹铜盏 春秋

六安市九里沟乡窑厂出土

口径20.5、腹径22.3、高22厘米

由盖与身两部分扣合而成。圆隆盖，盖顶有四挡环形捉手，盖缘均匀分布四只宽体环纽，口沿下镶三只梯形挡纽。器身侈口，方唇，短颈略束，深弧腹，圜底，下承三兽首矮蹄足。颈、腹间对置两半环兽首耳，耳下端作卷尾状。腹中部两只宽体环纽前后对置。盖、腹纹饰以蟠螭纹为主，另有垂叶兽纹、三角纹，环纽上饰几何纹。

20 蟠螭纹铜罍　春秋

六安市九里沟乡窑厂出土
口径19.2、腹径33.7、底径18.6、高26厘米

由盖与身两部分扣合而成。盖顶微隆，中心存捉手残痕，直壁微外鼓。器身直口，平折沿，圆肩，鼓腹自上而下渐敛，平底内凹，宽沿假圈足。肩部对置两只兽首半环形耳，耳下端作卷尾状。盖及器身上部纹饰以蟠螭纹及三角蟠螭纹为主，间有凸绳纹及虺纹。盖缘、器肩分别有四个圆饼形凸起，肩部圆饼上饰以细云纹衬地的兽面纹。

21　鳞纹铜盆　春秋

六安市九里沟乡窑厂M199出土
口径24.8、腹径24.5、底径13.2、高11.8厘米

　　大口，折沿微斜，斜折肩，弧腹斜收，平底微内凹。一对兽首半环形耳置于肩、腹间。肩部饰一周蟠螭纹，腹上部饰鳞纹，鳞纹下有一周三角云纹。

皖西博物馆文物撷珍

22 蟠螭纹铜盖鼎（两件） 战国

六安市城西窑厂M2出土
口径24、腹径24.5、高25.5厘米

子口承盖。盖作圆弧形隆起，盖顶中心有一铺首衔环，边缘等距离分布三个"8"形纽。器身敛口，深直腹，下部作圆弧状折收，圜底近平。长方形附耳微外侈，三只八棱柱状兽面高蹄足外撇。盖、耳、腹中上部饰蟠螭纹、圆点纹，衔环饰云雷纹、圆点纹。

23 蟠螭纹铜盖鼎　战国

六安市城北窑厂M16出土
鼎口径24.5、腹径25.8、高26.9厘米；
鼎钩长24、宽6厘米

子口承盖。盖作圆弧状隆起，盖顶中心有一铺首衔环，边缘等距离分布三个环纽。器身敛口，腹微鼓，圜底近平。长方形附耳微外侈，三兽面高蹄足外撇。盖顶饰云纹、蟠螭纹，环纽上饰三角纹。腹部两周蟠螭纹间隔有一周凸棱，凸棱上饰三角云纹与圆点纹。一对鼎钩与鼎同出，为提鼎用具。钩上部为圆角方形环，环一边留有缺口，缺口外侧对置两圆形铜板，其间嵌合鼎钩的长杆。

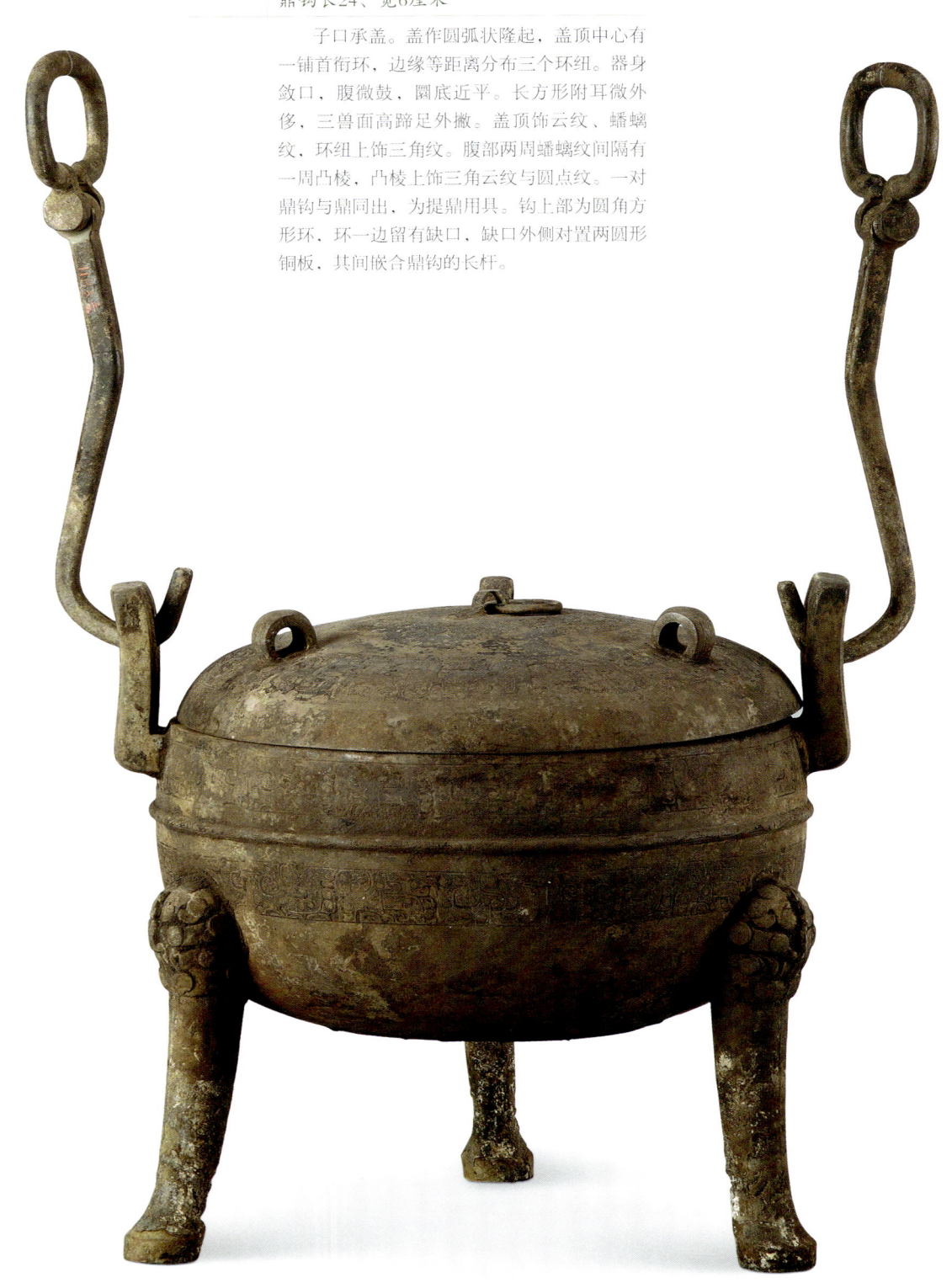

24 蟠螭纹铜盖鼎　战国

六安市城西窑厂M1出土

口径19.2、腹径22.8、通高23.3厘米

子口承盖。盖作圆弧形隆起，盖顶中心有一铺首衔环，盖缘等距离分布三个环形组。器身敛口、深弧腹略斜收，圜底近平。长方形附耳微外侈，三兽面高蹄足外撇。盖、腹部饰蟠螭纹、圆点纹，衔环、耳饰云雷纹。

25 蟠螭纹铜盖鼎　战国

六安市城西窑厂M3出土
口径23.8、腹径26.8、通高26厘米

子口承盖。盖微隆起，中心有一铺首衔环，环饰三角纹、圆点纹；盖周有三个环钮，钮上饰三角纹；盖上饰两周变形蟠螭纹。器身敛口，深腹，腹壁弧收，圜底较平。长方形附耳微外侈，兽面高蹄足微外撇。腹饰两周变形蟠螭纹，中有一凸棱相隔，耳饰蟠螭纹。

26 "北乡"铭铜盖鼎 战国

六安市经济技术开发区M99出土
口径18.6、腹径23.3、通高21厘米

素面，厚重。盖圆隆，上置三个环形纽。器身敛口，扁鼓腹，圜底，三蹄足。长方形附耳略向外撇。口沿外侧浅刻"北乡武里毕九容二斗重十六斤"。

27 龙凤纽铜敦（两件） 战国

六安市城西窑厂M2出土
口径20.4、高26.4厘米

盖、身各半相合成球形，分置可作两器。盖呈半球形，纽呈凤状，近口沿处对置两环耳，沿口有四个素面长方形挡纽。器身与盖形制相同，但口沿处无挡纽，三足呈龙形。纽、环耳、足上饰卷云纹和圈点纹。

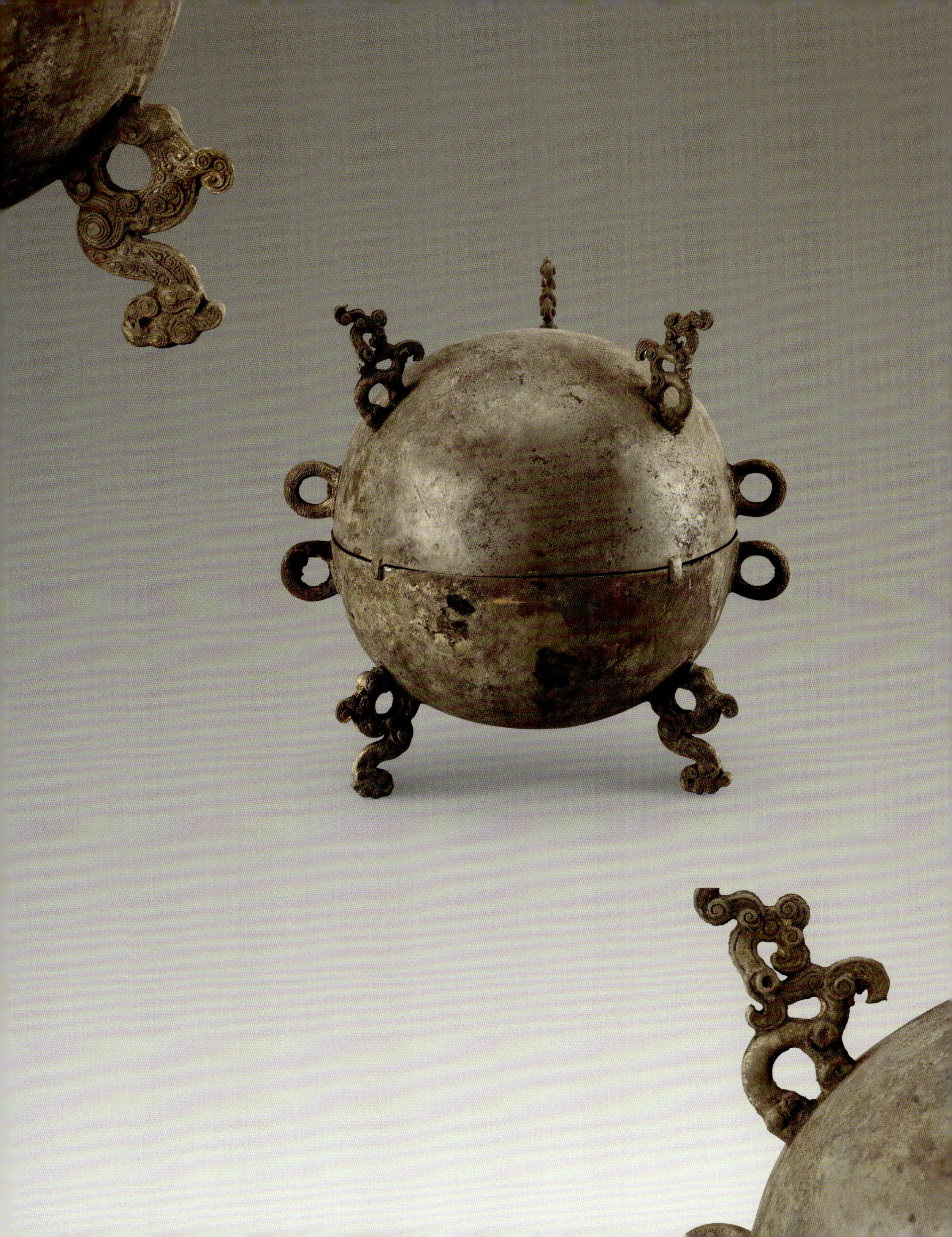

28 兽纽铜敦 战国

六安市城北窑厂M16出土
口径27、高22.6厘米

盖、身各半相合成球形，分置可单独成器。盖呈半球形，盖顶匀置三个兽形纽，近口沿处附对称的两只环状耳，沿口镶有四个对称的兽面挡纽。兽纽上饰涡纹和三角纹，耳上饰三角纹和云纹。器身整体与盖相同，但口沿处无挡纽，兽纽倒置成足。

29 蕉叶纹铜壶 战国

六安市经济技术开发区M99出土
口径9.5、腹径19.7、足径12.8、高30.6厘米

侈口，长颈略束，溜肩，弧腹自上而下渐敛，平底，圈足略外侈。肩部对置铺首衔环两只。颈饰蕉叶纹，腹部装饰由三角纹和云纹组成的纹饰带三周，圈足饰云纹。腹下部浅刻"重九斤十四两容二斗四升"。

皖西博物馆文物撷珍

046

30 蟠螭纹铜盖壶（两件）战国

六安市城西窑厂M3出土

口径12、腹径22.3、足径12.4、高30厘米

由盖与身两部分扣合而成。盖微隆，顶上等距离分布四枚"8"形小纽。器身侈口、短束颈、圆肩，弧腹自上而下渐敛，平底，圈足。肩部对置铺首衔环两只。盖顶中心饰涡云纹，周饰云纹、蟠螭纹，肩、腹部饰蟠螭纹和垂叶兽纹。

31 羽状地纹方格纹铜扁壶 战国

六安市经济技术开发区三女墩征集

口径11.5、腹径31×12.3、足径16.9×9.2、高31.2厘米

圆侈口，平唇，方沿，短颈，丰肩，扁腹正视呈椭圆形，前后腹壁微鼓。平底，长方形圈足外侈，方足沿。双肩附铺首衔环一对。颈部饰三角纹，器腹满饰羽状纹，并以长方格界栏分隔。

32 蟠虺纹铜提梁盉 战国

六安市城西窑厂M552出土
口径7.2、腹径14.3、高18.3厘米

由盖与身两部分扣合而成。盖顶平，中心留有纽孔，交缠的五条虺纹遍布其上，虺首聚于纽缘。盖壁直，上饰绚纹。盉身直口，丰肩，扁鼓腹，圜底，下承三蹄足。肩部置提梁，提梁两端分别对应腹部伸出的兽首状流和扇形扉棱状尾。提梁满布云纹，且前端铸龙首，横梁上有对称的扉棱，末端出一小卷尾。盉腹部饰"S"状虺纹、绳纹和垂叶兽纹。流、尾上饰雷文，足上部饰云雷纹。

33 铜斛　战国

六安市城北窑厂M16出土
口宽10、腹径8.8、通长14.5、高10.5厘米

直口，方唇，弧腹微鼓，圜底。口沿一侧出半筒形流，流侧面装四方管状柄。柄前段较短，末端向上弧折，后段较长并上翘，上有长方形对穿。

34 铜甗 汉

六安九里沟乡窑厂出土

甑口径24.3、足径11.8、高12.5厘米
鼎口径20.3、腹径23.2、高25.5厘米

由甑、鼎两部分扣合而成。甑敞口，宽折沿内倾，深弧腹渐内收，平底上直线箅孔分四区纵横排列，圈足。腹上部宽带纹上加饰凸弦纹一周，并有对称铺首衔环两只。

鼎为球面形盖，盖顶上另有一直径11厘米的直沿小口、直壁的盖，小盖顶部铸一半圆衔环组，一侧伸出扁条状短杆嵌合于小口外侧两半圆形铜条间，开合自如。器身子口内敛，鼓腹，圜底，三蹄足。两环状附耳内倾。腹中部有一周凸弦纹。

甑的圈足正好套合于鼎盖上的小口。

35 双鱼货泉纹铜鐎斗 汉

安徽省博物院拨交

口径15.3、柄长19.5、高4厘米

斗身侈口，宽斜折沿，浅弧腹略斜收，阛底。身侧口沿下出一截面呈半圆形的长条状柄。内底部铸两条小鱼合衔一圆钱图案，钱穿不规整，钱文模糊，穿左为篆书"泉"字，穿右一字不清，从结构上看应为王莽"货泉"。

36 虎形铜席镇 汉

六安市经济技术开发区M386出土

长8.6、宽6.5、高4.4 厘米

四件，造型相同，卧虎形，两两相向成对。虎头部双眉、双眼、双耳及鼻部凸出，双颊饱满，嘴呈一直线。粗颈与虎身浑然一体，似半个椭圆球体，隆起的臀部呈现出骨骼与肌肉的质感。身下露出的三足依稀可见趾痕。

37 卷云纹龙首铜带钩　汉

六安市双河镇新塘征集
长13、宽2厘米

整体细长。钩作龙首状，颈部弯曲，截面近正方形。腹面隆起，中心一道宽脊，两侧饰对称的卷云纹和龙纹。钩背出一圆形纽。

38 "程先进"铭铜盘　清

原六安县土产公司收购门市部拣选
口径42.8、底径31、高13.4厘米

侈口，方沿，浅弧腹斜收，大平底，下承三蹄足。盘两侧对称有相向龙首耳。盘内中心阳铸双鱼纹，双鱼外有一周阳文篆书铭文组成的方框。铭文右旋读，曰"宣统元年己酉秋六安程先进野吾氏提调币粤厂铸盘铭曰行欲其方智欲其圆范围乎内外庶几得少厥愆"。盘腹外两周方格纹内置云朵纹，下方一周雷文。

39 蕉叶纹铜觚　清
原六安县土产公司废品仓库拣选
口径28、腹径15.6、足径19、高40.5厘米

　　四瓣菱花形口外撇，方唇，长直颈，小鼓腹两侧出戟，高圈足外撇，足下端方折呈二层台状。整器可在颈部分开为两段。颈下部出一周窄凸棱，凸棱以上饰蕉叶纹，内填兽面纹，下方饰两两相向的变形龙纹，腹及圈足上部饰兽面纹。雷纹衬地。

40 铜戈 商

安徽省博物院拨交
长22、宽6.5厘米

整体近似等腰三角形。援较宽，中路起脊，截面呈菱形，上下直刃前聚成钝锋，直内。脊部一面有三条阳线，另一面为三条长度相等的阴线，援基两侧各有一不规则的三角形纹。

皖西博物馆文物撷珍

41 吴王姑发铜戈　春秋
六安市九里沟窑厂M41出土
长17、宽11.3厘米

宽援有脊。援前段呈尖叶形，中后段上刃平直，下刃微向上曲，援基一小穿，胡基两穿，穿侧胡上刻铭文"工虞王姑发者反自作元用"。阑末端弧折。长方形内略上翘，中间一穿，后下角微内收，两面均饰双线勾画的变形鸟纹。

058

42 铜剑　春秋

六安市九里沟窑厂M41出土

长37、宽3.7厘米

剑身短窄。尖锋，利刃前部略有弧曲，三棱脊，从微凹，方折肩，无格，实心扁茎上有一穿，末端有一榫状凸起。

43 铜剑　春秋

六安市思古潭乡春秋墓出土

长32.2、宽5.5厘米

剑身短宽，呈青绿色光泽。尖锋，利刃，高隆脊，从微凹，菱形格极窄，茎前段作扁条形，中路起脊，后段为实心扁圆柱状，首作深凹圆盘形。

44　铜剑　战国
六安市城北窑厂M1出土
长53.2、宽4.6厘米

尖锋，利刃前部略有弧曲，菱形凸脊，从宽而薄，微凹，广格较厚，实心圆茎上有双箍，圆盘状首。格两面饰不同式样兽面纹，首上饰数周凸线同心圆。

45　铜剑　战国
六安市城西窑厂M2出土
长48.8、宽4.4、脊厚0.8厘米

尖锋，利刃，中脊起棱，从宽，广格，实心圆茎上有双箍，圆盘状首。

46 蔡侯产铜戈　战国

六安市城西窑厂M5出土
长21.6、宽10厘米

宽援有脊，援前段呈尖叶状，中后段上刃平直，下刃微向上曲，援基一小穿，胡基两穿，穿侧胡上有错金铭文两行，文曰"蔡侯产之用戈"。阑末端方折，长方形内上二穿，前穿长方形，后穿为圆形，内两面均饰双线勾画的变形鸟纹。

47 铜戟　战国

六安市城北窑厂M32出土
长41、宽26.2厘米

刺、援、内、胡合铸为一体。刺较长，作剑形，尖锋，刃前部略有弧曲，直线形凸脊，末端为近菱形管状銎，上有前后对称的穿孔。銎一侧接援，援微上昂，无脊，前段呈尖叶状，后段弧曲。窄长胡边缘有刃，刃上出四道子刺，胡基两穿。长阑。弯钩状内上下有刃。銎部凸雕变形兽首，上有绚纹、涡纹和勾连雷纹。

48 铜镞　战国
六安市城西窑厂M2出土
长17.8、宽0.9厘米

镞头中心是一圆锥脊，脊上凸起三翼，三翼前聚成尖锋，翼末成逆刺，脊后三棱形铤渐敛。

49 铜镞　战国
六安市城西窑厂M2出土
长12.8、12.9、13.2、13.6，宽0.9、0.7、0.8、0.8厘米

镞头整体近圆柱状。平顶，由顶端向后渐敛，至中部以下又渐向外鼓出，呈略下垂的鼓腹，鼓腹以下略束。镞头后接棱状铤。

50 铜镞 战国

六安市九里沟窑厂M41出土
长7、宽1.1厘米

镞头截面圆形。顶圆隆，前段粗且略鼓，后段较细，作微束的圆柱状。后接锥状铤。

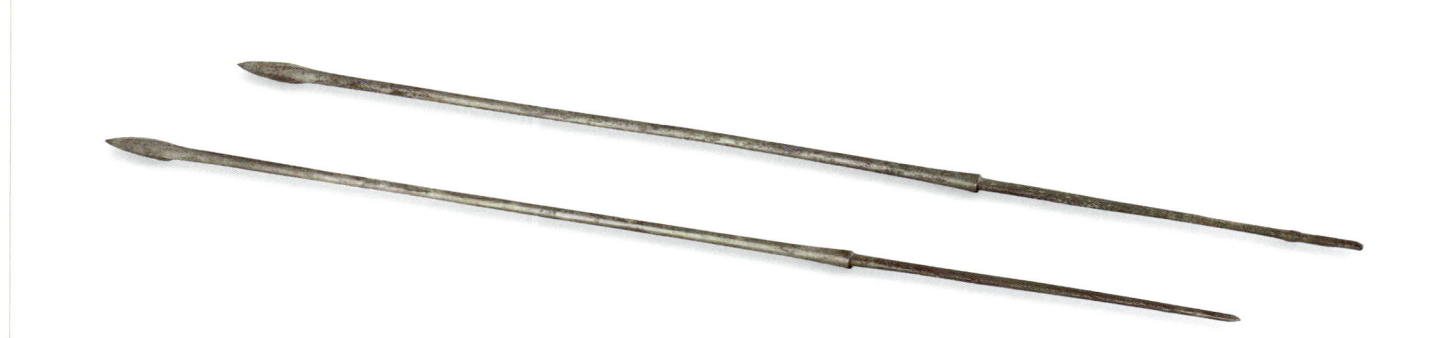

51 铜镞 战国

六安市九里沟窑厂M49出土
长34、宽0.9厘米

镞头中心是三棱柱形长脊，三棱前端伸出三翼，三翼前聚成尖锋，脊末端微外侈。脊后三棱形铤渐敛。

52 鸟纹铜镈 战国
六安市九里沟窑厂M195出土
长14.5、宽4.5厘米

镈口呈前扁后圆的椭圆形，上部有两只对穿孔，孔下方铸成鸟状，鸟纹以下镈身渐敛。镈下方的六棱实心体形似连蹄的兽肢，踝关节形象清晰。鸟喙尖，昂首直颈，展翅，小尖尾微下卷，羽毛丰满。鸟纹上下分别饰花叶纹、草叶纹和减地三角纹。

53 鸟纹铜镈 战国
六安市九里沟窑厂M128出土
长15.5、宽4.5厘米

镈口呈前扁后圆的椭圆形，但前后均有棱角。中部有两只对穿孔。孔下方铸成鸟状，鸟纹以下镈身渐敛。镈下方六棱实心体形似连蹄的兽肢，膝、踝关节形象清晰。鸟呈双面浮雕，喙尖且壮，身上满布云纹、回纹、斜线纹。

54 铜弩机　东汉建安二十三年（公元218年）

安徽省博物院拨交
长15.7、宽3.5厘米

郭、牙、钩心、悬刀、键俱全。梯形望山、长方郭，郭顶面前部外展呈"凸"形，中路有矢道。悬刀两侧各有一条阴刻线，下部有一孔。圆柱形键，键顶正方。郭面右下部阴刻三十余字铭文："建安廿三年九月廿日□□□监作吏雋□待令杨郡臂师杨政耳师王□作"。

55 铜弩机　三国正始二年（公元241年）

安徽省博物院拨交

长12、宽3.6、高14.6厘米

　　郭、牙、钩心、悬刀、键俱全。梯形望山，长方郭，郭顶面前部外展呈"凸"形，中路有矢道。悬刀前段加厚外凸。圆柱形键，键贠正方。郭面右下端阴刻铭文三十余字："正始二年五月十日左尚方造作吏氍泉耳匠马广师囗囗臂匠江子师项种"。

56 铜车軎辖 战国

六安市城北窑厂M16出土
軎底径8.4、高9.8厘米，辖长8.5厘米

軎圆筒状。上窄下宽，上口封闭，下口中空。首端宽平折沿，末端平，外壁下部有三道凸箍，箍下方有对称的长方形穿孔，内插辖。辖首长方体，辖键呈长条形，辖尾上角弧圆，首尾各有一穿。軎末端平顶上饰五怪兽，外围一周凹弦纹，宽箍上凸雕菱形纹，箍下方管壁饰三角波折纹、卷云纹与圆点纹。辖首饰兽面纹。

57 铜车軎辖 战国

六安市城北窑厂M16出土
軎底径6.8、高8厘米，辖长6.6厘米

軎圆筒状。上窄下宽，上口封闭，下口中空。首端宽平折沿，末端平，外壁下部有三道凸箍，箍下方有对称的长方形穿孔，内插辖。辖首长方体，辖键呈长条形，辖尾上角弧圆，首尾各有一穿。軎末端平顶上饰云雷纹地纹与涡纹主纹，外围一周凹弦纹，宽箍上凸雕菱形纹，箍下方管壁饰三角波折纹、卷云纹与圆点纹。辖首饰卷云纹和网纹。

58 铜车軎辖 战国

六安市城西窑厂M5出土

軎底径7.9、高8厘米，辖长8厘米

軎十棱形筒状。上窄下宽，上口封闭，下口中空。首端平折沿，末端平，管壁下部有三道凸箍，箍下方有对称的长方形穿孔，内插辖。辖首长方体，辖键呈长条形，辖尾上角弧圆，首尾各有一穿。軎末端平顶上饰涡云纹，外围一周绚纹，宽箍上饰绚纹，箍下方管壁及折沿饰云纹和三角云纹。辖首饰兽面纹。

59　铜车軎辖　战国

六安市城西窑厂M5出土
軎底径7.8、高7.8厘米，辖长7.8厘米

軎十棱形筒状。上窄下宽，上口封闭，下口中空。首端平折沿，末端平，管壁下部有三道凸箍，箍下方有对称的长方形穿孔，内插辖。辖首长方体，辖键呈长条形，辖尾上角弧圆，首尾各有一穿。軎末端平顶上饰涡云纹，外围一周凹弦纹，軎身棱面上饰十对龙纹，宽箍上饰菱形纹，箍下方管壁饰三角云纹和云纹。辖首为一兽面。

60 铜车軎辖 战国

六安市城西窑厂M5出土

軎底径7.7、高5.3厘米，辖长7.7厘米

軎圆筒状，中空。首端平折沿，管壁上部有一道凸箍，下端有对称的长方形穿孔，内插辖。辖首长方体，辖键呈长条形，辖尾上角弧圆，首尾各有一穿。軎身满饰云纹、三角纹。辖首为一兽面。

61 双虎镂空铜车饰　战国

六安市九里沟窑厂M41出土
宽9.8、通高14厘米

整器呈镂空状，蛇身相互缠绕成镂空圆筒状，中间一筒大而长，左、右各两小筒上下串列。双虎背靠大圆筒，身展紧抱小圆筒以相互连接。两侧小圆筒内插柱杆，杆首环形。

62 镂空蟠螭纹铜车饰　战国

六安市城西窑厂M2出土
通长9、页长3、宽3.4厘米；纽长6.4、宽4.6厘米

由双页和纽两部分组成。双页长方形，有四个对称的圆孔，页面饰卷云纹，上端轴上套长方形纽，可以转动，纽面铸镂空蟠螭纹、卷云纹。

63 铜车饰　战国

六安市九里沟乡窑厂出土
上：长11.5、宽8.3、最大环径3.4厘米
下：长11.5、宽7.1、最大环径2.9厘米

　　由若干连铸的圆环与销杆组成。环分左、中、右三组，中间一组环径较大，三层；两边两组环径较小，三或四层。每层之间有短柱相连。一边的小环中插销，销首为两层小环上竖接大环，销杆末端鼓起，使其无法脱离最上层的环。

64 鸟首铜车马饰　战国

六安市城北窑厂M16出土

长10.7、环宽5.1厘米

　　长方形环，一长边中间立一鸟首，对边相同位置鸟首后延伸出中空柱状曲柄，圆銎，骹部有对穿圆孔。通体饰三角云纹、云纹、重环纹和蝉纹。

65 兽面纹铜车器鼻　战国

六安市城西窑厂M2出土
长4.2、宽3.8、高2厘米

长方形底板上串置镂空双弓。弓面两端饰云雷纹，中饰三角纹，底部两侧铸对称兽面纹。

66 鸟纹铜铺首衔环　战国

六安市城北窑厂M16出土
长9.8、环径5.5厘米

兽首形铺首饰云雷地纹，铺首中心的圆形鼻环饰重环纹，衔套圆形环饰鸟纹。背面有长方形凸榫，榫后有圆形孔。

67 铜马衔镳 战国
六安市九里沟乡窑厂出土
衔通长20.3、大环径4厘米；镳通长15、宽2.2厘米

衔由2个两端均有环的衔体组成。小圆环的一端两环互交，另一端大圆环中插镳。两镳形制相同，长方形镳杆，中间有似"8"形穿孔凸节，两端微翘。

68 铜工具 战国
六安市城西窑厂M2出土
凿长10.6、宽0.7、銎口长1.6厘米；锥长14.6、径0.25厘米；锯长8.2、宽1.6厘米；斧长7.2、宽4.4、厚1.6厘米

凿体扁平，上宽下窄，中部内凹。双面刃，刃部略呈弧形。长方形銎，上有一穿孔。
锥体细长，平形帽，四棱面，四棱状尖锋。
锯长方形薄片状，一侧边有三角形锯齿，一侧插于木柲内。
斧身中空。圆弧刃，一侧为直壁，一侧为斜弧壁，两侧壁前部外侈。梯形銎口，口外铸一周凸棱。斧身上部有双圆孔。

69　蟠虺纹铜镜　战国

六安市城北窑厂M16出土
直径8.2、厚0.1厘米

　　薄身小圆镜。细桥形纽，圆形纽座。座周饰八个长方块。细密的点状地纹上饰相互缠绕的八条虺纹，虺首呈三角形，分布于镜身边缘。

70　四山纹铜镜　战国

六安市七里站废品站收集
直径11、缘厚0.3厘米

　　三弦纽，凹面方框纽座。羽状地纹上对置四个大轮廓"山"字，左旋，底边与纽座边平行。四"山"之间沿纽座的两对角线方向对置八枚叶纹。素卷缘。

71 五山纹铜镜 战国

六安市经济技术开发区M156出土
直径16.1、缘厚0.5厘米

三弦纽，圆形纽座。座外饰凹面形环带一周。其外饰五个左旋"山"字纹，间饰草叶花瓣纹，羽状地纹。窄素卷缘。

72 重菱纹铜镜 战国

六安市九里沟村窑厂征集
直径12.3、缘厚0.5厘米

三弦纽，圆形纽座。座外饰一周宽凹面形环带，其外两周弦纹间夹主题纹饰，主纹为三个重菱纹与三组变形叶纹相间缠绕。云雷纹衬地。素卷缘。

73 鸟纹铜镜　战国

原六安地区砖瓦厂出土
直径13.7、缘厚0.4厘米

三弦纽，圆形纽座。座外饰凹面形环带一周，其间以云雷纹衬地。环带外两周凸弦纹间为主纹饰，三只回首矗立的凤鸟与三组蔓草相间缠绕，环饰其间。云雷纹衬地。弦纹内外各有一周射线纹衬地。再外饰一周云纹。素卷缘。

74 "大乐富贵"铭铜镜　西汉

六安市九里沟M223出土
直径18.5、缘厚0.5厘米

兽首桥形纽，兽状纽座。座外有绞索纹两周，其间饰以铭文带，铭文为"大乐富贵，千秋万岁，宜酒食"。主纹区以涡云纹衬地，用变形叶纹将其分为四区，每区饰一组蟠螭纹，其外一周绞索纹。素卷缘。

75 "洁清白"铭连弧纹铜镜　西汉
六安市经济技术开发区M186出土
直径18、缘厚0.5厘米

圆纽，十二连珠纹圆纽座。座外依次饰射线纹、宽平素凸弦纹、内向八连弧纹各一周，弧间以草叶纹补白。其外两周射线纹间为铭文带，文曰："洁清白而事君，怨阴之弇明之，玄锡之，恐疏而日忘，靡美之穷，承之可慕，泉愿永思而毋绝"。宽平素缘。

76 "日光"铭连弧纹铜镜 西汉
六安市经济技术开发区M186出土
直径8.5、缘厚0.3厘米

圆纽，十二连珠纹圆纽座。座外为内向八连弧纹，其间以草叶纹和三划短线纹补白。其外为"见日之光、长毋相忘"八字篆书铭文带，每字间以"◇"符号相隔。外围一周射线纹。宽平素缘。

77 "内清"重圈铭文铜镜　西汉

六安市经济技术开发区M288出土
直径15.5、缘厚0.4厘米

圆钮,十二连珠纹圆钮座。座外依次饰射线纹、宽平素凸弦纹各一周,其外两周射线纹间为内铭文带,文曰:"内清质以昭明,光辉象夫日月,心忽扬而愿,然雍塞而不泄"。再外,一周宽平素凸弦纹外两周射线纹间为外铭文带,文曰:"洁清白而事君,怨阴欢之弇明,彼玄锡之流泽,忘绝靡美之穷皑,外承欢之可说,思囗窕之灵泉,愿永思"。窄平素缘。

78 "炼治铜华"铭连弧纹铜镜　西汉
六安市平桥乡征集
直径15、缘厚0.6厘米

圆钮，十二连珠纹圆钮座。座外饰射线纹与宽平素凸弦纹各一周，外饰内向八连弧纹，其间以三划短线、半圆纹补白。外区两周射线纹间镌隶书铭文带一周，其铭曰："炼治铜华清而明，以之为镜宜文章，延年益寿去不羊（祥），与天毋亟，而日光、长乐"。宽平素缘。

79 "炼铜治华"铭四神博局纹铜镜　西汉

六安市经济技术开发区M114出土
直径18.5、缘厚0.4厘米

圆纽，柿蒂纹纽座。座外饰单线和双线方框，两方框之间夹隶书铭文带，文曰"炼铜治华青（清）而明，以之为镜宜文章，延年益寿去不羊（祥），而日月光"。外框四角各饰一圆片纹，将主区纹饰分为四组，间饰博局纹、四神、羽人和麒麟图案，其外一周射线纹。宽平素缘。

80 "长宜子孙"铭四神博局纹铜镜　东汉
六安市经济技术开发区CS3工地M33出土
直径18.7厘米

圆纽，圆形纽座。座外环绕九枚乳丁，其间铸"长富贵，宜牛羊，乐未央"九字篆书铭文。乳丁外为双线方框，框内四角铸"长宜子孙"四字。方框外匀置八枚花座乳丁及"T、L、V"博局纹，其间饰鸟、兽、羽人等图案，外围一周射线纹。边缘饰锯齿纹、变形鸟纹各一周。

81 "长宜子孙"铭文铜镜　东汉

六安市九里沟窑厂征集
直径18.5、缘厚0.4厘米

圆纽，柿蒂纹纽座，蒂间铸"长宜子孙"四字，篆书。其外两周射线纹夹一周宽平素凸弦纹。主纹由四枚柿蒂座乳丁分隔，每区分别饰青龙与羽人、白虎与瑞兽、朱雀与禽鸟、玄武与蟾蜍图案。主纹外依次饰射线纹、宽平素凸弦纹、双勾波折纹各一周。窄平素缘。

82 "尚方"铭神人车马画像铜镜 东汉
六安市先生店乡窑厂征集
直径18、缘厚0.6厘米

圆组，连珠纹圆形组座。高浮雕主纹被六枚圆座乳丁分为六区：下方两区分别为端坐的王父、王母，其右上方分别正书"东王父寿"和"西王母"题榜，王母旁跪坐一侍者；另外四区分别饰飞驰的车、马、瑞兽、禽鸟，车有华盖，内坐御者二人。主纹外镌隶书铭文一周，曰"尚方作竟（镜）佳且好，左有王父坐行道，右有王母，白虎、芝草方（放）其后，令人富贵不老，子孙满室世"。再外依次饰射线纹、锯齿纹、禽兽锁云纹各一周。窄素缘。

83 "羌氏"铭四神博局纹铜镜 东汉
六安市文物商店拨交
直径21.2、缘厚0.5厘米

圆纽，柿蒂纹纽座。纽座外饰单线方框和宽带凹面方框各一周，短线纹、点状纹相间饰于框内。框外八枚乳丁双双对置，乳丁间匀置的博局纹将主纹分为8区，八种禽兽纹分别饰于其间。其外一周隶书铭文，文曰"羌氏作竟（镜）真大巧，上有山（仙）人不知老，饮王（玉）泉饥食枣兮"。再外依次饰一周射线纹、两周锯齿纹夹一周双线波折纹。窄素缘。

84 四神博局纹铜镜 汉

六安市经济技术开发区M302出土

直径13.5、缘厚0.5厘米

圆纽，柿蒂纹纽座。座外饰三线方框，框外四角各有一圆片纹，将主区纹饰分为四组，每区分别饰青龙与羽人、白虎与瑞兽、朱雀与禽鸟、玄武与蟾蜍图案，间饰博局纹，其外依次饰射线纹、宽平素纹、三角波折纹各一周。窄素缘。

85 兽面纹铜镜 魏晋

六安市双河镇征集

直径9.5、缘厚0.2厘米

圆纽，圆形纽座。四变形叶纹将主纹分为四区，每区叶脉间饰一兽面。其外两周弦纹间密布减地云纹。窄素缘。

86 "千秋万春"铭龙纹葵花铜镜　唐

六安市徐集大岭乡邢店出土
直径24、缘厚0.5厘米

　　八瓣葵花形，圆纽。主纹饰为一浮雕盘龙，龙口大张，以纽为珠，身下两朵祥云。其外一周凸弦纹，弦纹外对读的"千秋万春"四字及字间的四朵祥云均置于葵瓣中。窄平素缘。

87 双鸾衔绶纹葵花铜镜　唐

六安市丁集镇征集

直径31、缘厚0.8厘米

八瓣葵花形，圆纽，八瓣重莲纹纽座。座外饰一周细连珠纹。左右饰衔绶双凤，凤脚下各有一朵荷花；上下饰踏云瑞兽，上为麒麟，下为狻猊。窄素缘。

88 双鸾纹葵花铜镜 唐

六安市南郊征集

直径15.2、缘厚0.3厘米

八瓣葵花形，圆纽。两只鸾鸟脚踏花枝左右对置，两株造型不同的花卉纹分置上下。窄平素缘。

89 瑞兽葡萄纹铜镜　唐

六安市枣树乡王大井M1出土

直径9.5、缘厚1.1厘米

卧兽形钮。高浮雕纹饰。一周凸弦纹将其分为内外两区，内区十串葡萄纹，叶蔓间卧四瑞兽；外区十六串葡萄，叶蔓间栖、飞八只禽鸟。锯齿纹卷缘。

90 鸟兽纹方形铜镜 五代

六安市城北乡新河村居民捐献
直径12.5厘米

圆角方形,半圆纽。环纽饰凌空飞翔的双鸟。双鸟翅间饰一兽作奔跑状,昂首张口,双目前视,长尾向后伸展。

91 "千秋万岁"铭铜镜 五代

舒城县文物组移拨交
直径14.9、缘厚0.2厘米

镜体轻薄，制作粗糙。圆纽，纽外饰两互成45°套接的不规则四边形。以纽为圆心呈十字交叉的两直线将镜面分成四区。"千秋万岁"四字反书分置于四区，右旋读。

92 牡丹纹方形铜镜　五代

六安市土产仓库征集

边长12.5、缘厚0.2厘米

正方形，半圆钮。两株牡丹花及花蕾分别沿对角线对置，以点状花补白，外饰一周连珠纹。宽平素缘。

93 "湖州石十五郎"铭长方形铜镜 宋
六安市独山镇征集
长36.8、宽26、厚0.6厘米

长方形，镜面微凸，光亮可鉴。镜背中心横置一半圆纽，纽下方铸两行十字楷书阳文"湖州石十五郎炼铜照子"。窄素缘。

94 双鱼纹铜镜　宋

六安市市民捐献
直径10、缘厚0.2厘米

　　平顶半圆钮。两道水波纹与钮呈直线分布，水波纹两侧各饰一条逆时针绕游的鱼。窄素缘。

95 "宫家"铭铜镜 宋
六安市市民捐献
直径8.4、缘厚0.4厘米

半圆纽。纽右侧长方形框内有"宫家铜换青镜"两行六字楷书铭文。

皖西博物馆文物撷珍

96 跽坐铜人　战国

六安市九里沟窑厂M364出土
长3.5、宽3.4、高8厘米

跽坐姿。顶平，顶上有长方形发具，前额短发中分，脑后用发饰束髻。圆脸，五官清晰。短直颈。上身端正，坐于脚跟，双手置于膝部。身着几何形与蝉形花纹的长衫，束腰。

97 "大莫嚣玺"铜印 战国
六安市文物商店移交
长2.5、宽2.5、高1.8厘米

黄铜质地。瓦纽，覆斗状印身，正方形印面。印文"大莫嚣玺"四字为白文大篆，分置于田字格中。大莫嚣即大莫敖，为战国时楚国官名。

98 "部曲将印"铜印 汉
六安市文物商店移交
长2.25、宽2.25、高1.85厘米

黄铜铸成。瓦纽，扁正方体印身，印文为"部曲将印"四字白文小篆。

99 铜释迦坐像 隋开皇十二年（公元592年）

寿县彭城乡征集
底座长2.5、高7.7厘米

由背光、释迦坐像和佛座三部分合铸而成。背光近桃形，上饰火焰纹。圆形头光。释迦面部窄长、高髻、高鼻，双手下垂放于膝上，手向不清。佛座分三层，上层长方形，二、三层为结构相同的四柱梯形台座。背光反面有三行十九字铭文"开皇十二年二月十三日……造□□"。

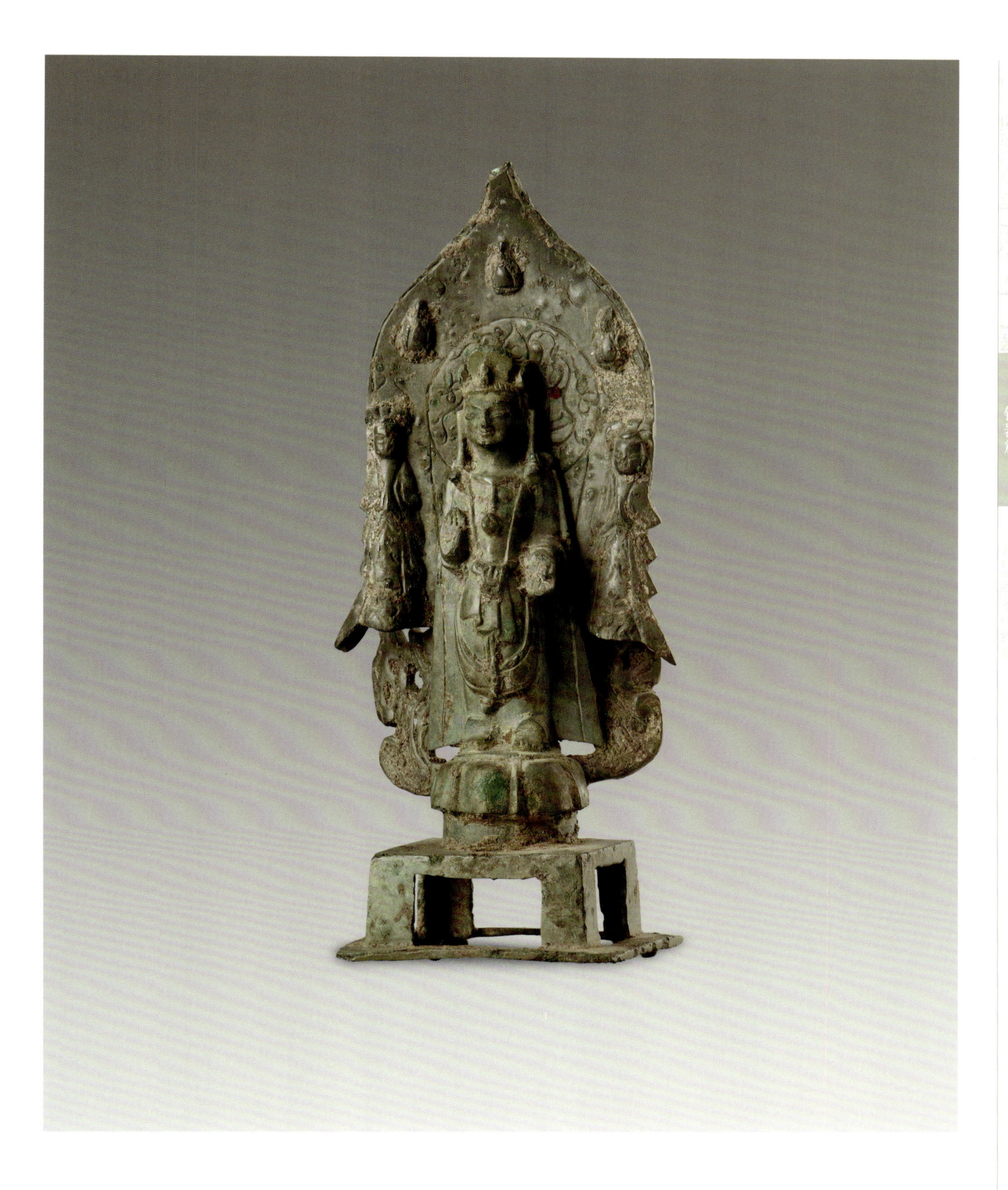

100 铜菩萨立像 隋

寿县彭城乡征集
长7.5、宽5.5、高16.5厘米

菩萨赤足立于莲花座上。头戴高冠，宝缯垂肩，神情安详。着长衣，身前佩璎珞，帔帛垂至膝部，右手施无畏印，左手施与愿印。舟形背光，阴刻圆形头光内刻花卉纹。主像两侧各立一浮雕小菩萨像。背光做成活动型，开一长方形小孔，插入菩萨背后的长方形榫头上。莲花座下置方形台座。

101 铜菩萨立像　隋

寿县彭城乡征集
长6、宽4.3、高12.8厘米

菩萨跣足立于莲花座上。头戴高冠，身披裂裟，宝缯垂肩，面庞丰满，五官清晰，左臂上弯，手印不清，右手下垂。莲花座下有四柱梯形台座。身后有一小榫。

102 铜菩萨立像　隋

寿县彭城乡征集
宽5.8、高17厘米

菩萨跣足立于莲花座上。头戴高冠，宝缯垂肩，面部五官清晰，身着长衣，身前佩璎珞，帔帛垂至膝部，右手施无畏印，左手施与愿印。莲花座下尚存用于固定托座的两凸榫。

陶瓷器篇

此次收录的陶器,主要是六安市九里沟窑厂西汉墓中出土的漆皮陶器和漆绘陶器。漆皮陶器,即在烧制完成后的陶器上外髹漆衣,使之光洁、明亮,对陶胎有保护、装饰作用。漆绘陶器,是在烧制完成的陶器上先髹一层漆衣,再在漆衣上绘以套色花纹。花纹按照器物的不同形态和部位有选择地应用,或构成一个圆面,或组成各式的纹带,上下配合,前后对称,构成一幅幅色泽鲜艳、绚美华丽的画面。器形主要有鼎、钫、壶、蒜头壶、茧形壶、锺、盘、盒等,漆绘纹饰主要为红白两色绘制的云气纹、波浪纹、鸟纹、菱形纹、三角云纹等。

具有皖西地方特色的"寿州窑"早期以烧造青釉瓷为主,唐时以生产黄釉瓷器著称,兼烧黑釉、茶叶末釉等。产品多为罐、壶、碗、盘、碟、粉盒、瓶等生活用具。此次收录的瓷器除一些唐宋墓葬中出土的瓷钵、盘外,还收录了20世纪80年代由中国文物总店下拨的一批清代官窑瓷器,如青花云龙纹盘、茶叶未釉瓶、粉青釉穿带瓶等。

104　漆绘陶钫　战国

六安市城北窑厂M16出土

口径12、腹径20.7、足径10.7、通高34.6厘米

泥质灰陶。盝顶式盖。器身敞口，平沿，口沿外侧有一周凸棱，短颈较粗，鼓腹，下腹斜收，平底，圈足外撇。器表髹黑漆，上有红、黄两色交织的彩绘纹。盖上饰变形蟠螭纹、卷云纹与三角卷云纹。器身饰数周勾状云纹与变形蟠虺纹，间饰三角卷云纹、卷云纹，每组纹饰间以弦纹为界。

105　漆绘陶壶　战国

六安市城北窑厂M16出土
口径12.4、足径14.4、通高36.9厘米

泥质灰陶。盖微隆如覆钵。器身侈口、束颈、鼓腹、平底、宽沿圈足外撇。器表髹黑漆，上有红、黄两色交织的彩绘纹。盖上饰变形凤纹、卷云纹与三角卷云纹。器身饰数周勾状云纹与变形蟠虺纹，间有凹弦纹、卷云纹、变形蟠虺纹、绚纹，每组纹饰间均以弦纹为界。

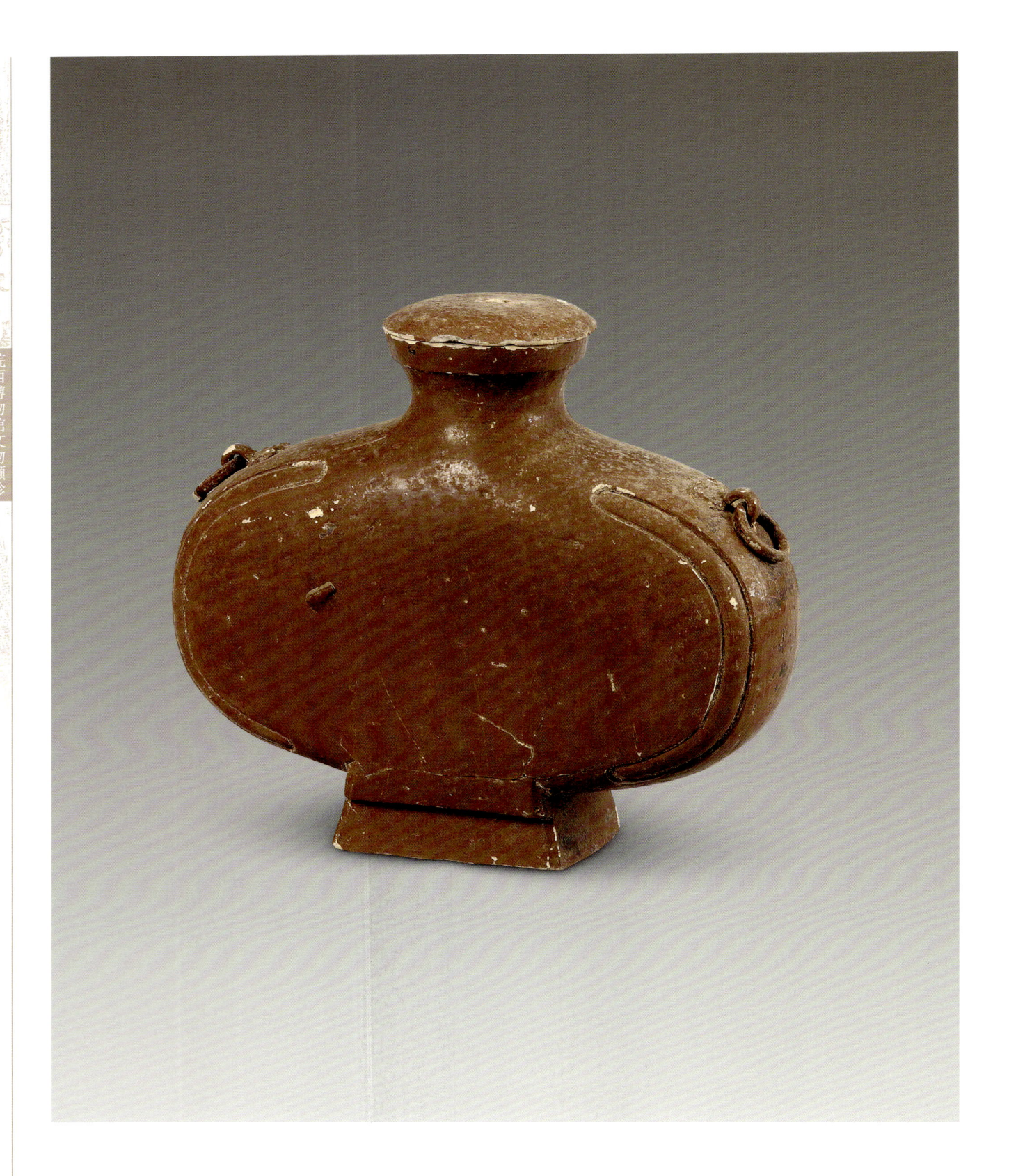

106 漆皮陶茧形壶　西汉

原六安地区建筑建材厂汉墓出土
口径8.4、腹径27.1×11、足径10.8×8.2、高24.3厘米

泥质细灰陶。盖微隆如覆钵，盖缘内有一周浅子口。器身圆侈口，平唇，方沿，束颈，丰肩，椭圆形扁腹前后略鼓，平底，长方形高圈足外侈。肩部对置铺首衔环一对。腹壁四角转接处各饰一组凹双曲线纹。器壁外均施红褐色漆皮。

107 漆皮陶茧形壶　西汉

六安市九里沟一窑M4出土

口径6.4、腹径22.4×11.6、足径12.8×8.6、高17.6厘米

泥质红陶。圆侈口，直颈，丰肩，茧形腹前后较平直，平底，多边形圈足外侈。腹壁四角转接处各饰一组凹双曲线纹。肩部两侧有对称的铺首饰。髹褐漆。

108 漆皮陶壶　西汉

六安市九里沟三窑M177出土

口径8.8、腹径16.5、底径10、高30厘米

泥质细灰陶。盖微隆，顶中心有一柿蒂状纽。器身口微敛，粗颈略束，丰肩，弧腹斜收，假圈足略外侈，平底。肩部对置铺首一对，铺首下有半环纽。肩、腹部饰三周双凹弦纹。器壁外施黑褐色漆。

109 漆皮陶壶 西汉

六安市九里沟三窑M223出土

口径8.8、腹径18、底径11.2、高28.4厘米

泥质细灰陶。圆隆盖顶部稍尖，顶中心有一鼻纽衔环。器身直口，平唇，粗直颈，丰肩，弧腹渐敛，假高圈足略外侈，平底。肩部对置铺首衔环一对、颈、腹部分别饰三周双凹弦纹。器外壁施黑褐色漆。

110 漆皮陶蒜头壶　西汉

六安市九里沟三窑M223出土

口径4.4、腹径21.2、足径21.2、高28.4厘米

泥质灰硬陶。小敛口，口下鼓出呈蒜头形，长直颈，溜肩，圆鼓腹，平底，矮圈足。器表髹黑漆。颈中部一周宽箍上饰凸弦纹一道，腹饰一周凸弦纹。

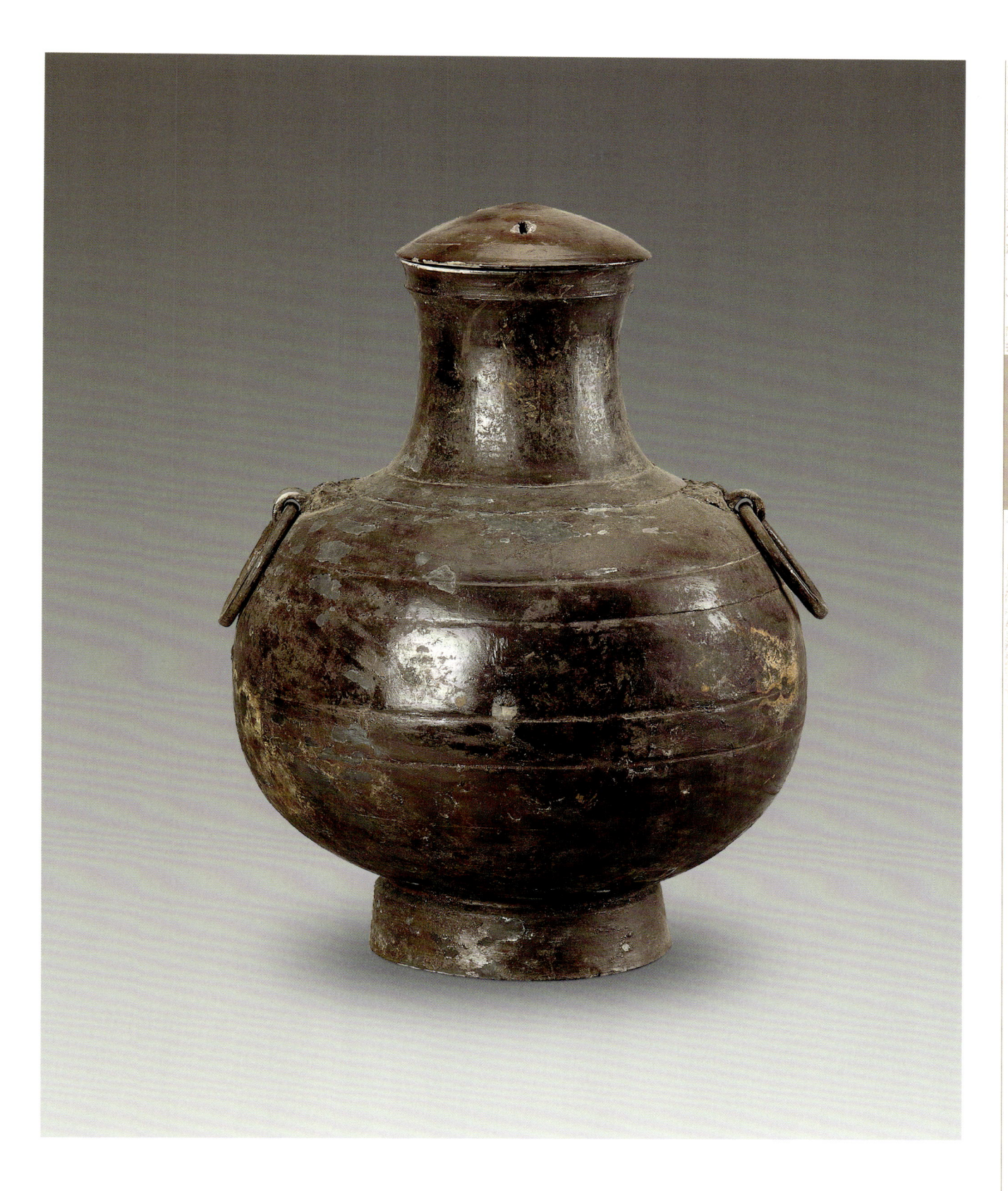

111 漆皮陶锺　西汉

六安市九里沟三窑M223出土

口径12.7、腹径30.4、足径16.4、高41.7厘米

泥质细灰陶。圆隆盖顶部稍尖，盖缘内侧有一周浅子口。器身直口，平唇，束颈，丰肩，球腹，平底，圈足，腹、足衔接处内束。肩部对置铺首衔环一对，口外饰凸棱一周，肩、腹部饰三周宽带纹。器外壁施黑褐色漆。

112 漆皮陶鼎　西汉

六安市九里沟三窑M223出土
口径15.3、腹径17.2、高17厘米

两件形制相当。泥质细灰陶。盖圆隆，盖顶等距离分布三个圆环纽，纽顶有一乳丁。器身子母口、口略敛，扁球腹，圜底，下承三蹄足。两只长方形附耳外撇。腹上部有凸棱一周。器外壁施褐色漆。

113 漆皮陶盖鼎 西汉

六安市九里沟三窑M223出土
口径17.2、腹径22.3、高23.6厘米

泥质灰硬陶。子口承盖。盖隆起，上附三卧兽纽。器身直口略敛，腹微鼓，圜底，下有三个高蹄足。口沿下附对称长方形双耳，耳上端外撇。器表髹黑漆。腹饰一道凸弦纹，蹄足上饰云纹和竖线纹。

114 漆皮陶甗　西汉

六安市九里沟三窑M223出土
甗口径23.2、足径10、高10.2厘米
釜口径8.1、腹径25.3、高15.8厘米

泥质细灰陶。由甑、釜两部分扣合而成。

甑侈口，细折沿，斜直深腹上部略束，下部弧收，平底上有近30个叶状箅孔，矮圈足。腹外饰凹弦纹两周。器腹内外均施黑褐色漆皮。

釜直口微敛，平唇，丰肩，斜腹壁微弧，平底。肩部对置铺首衔环一对。腹上部向外细微凸折，折痕下有一周宽平外沿。器外壁半施褐色漆皮。

115 漆皮陶双耳吊锅 西汉

六安市九里沟三窑M223出土
口径20.5、底径7.2、高13.3厘米

泥质细灰陶。侈口，高领，弧腹，下部渐收，平底。口下方对置"Ω"状双耳，耳上压印竖线纹。器外壁施褐色漆皮。

116 漆皮陶鍪　西汉

六安市九里沟三窑M223出土

口径8.8、腹径14.4、高12.6厘米

泥质细灰陶。侈口，圆唇，束颈，斜折肩，扁鼓腹，圜底。肩部对置两环形耳。腹中部外凸形成折棱。器外壁施褐色漆皮。

117 漆绘陶锺　西汉

六安市九里沟三窑M176出土
口径12、腹径26.8、足径17、高34.6厘米

泥质灰硬陶。侈口，平唇，唇面微向内倾，束颈，溜肩，扁球腹，圜底近平，圈足外侈，腹、足衔接处内束。肩部贴附对称的铺首衔环两只。肩、腹部各有凸宽带纹一周。器表均施褐色漆皮，自口沿以下至腹部用红、白两色相间绘宽带纹、三角纹、蕉叶纹和云鸟纹，圈足部以红彩绘宽带纹和波浪纹。

118 漆绘陶壶　西汉

六安市九里沟三窑M176出土
口径12、腹径20、足径13、高32.4厘米

泥质细灰陶。口略敛，平唇，长颈稍束，溜肩，鼓腹，圜底，高圈足外侈。器表施褐色漆皮，并用红、白两色绘菱形纹、三角纹、鸟纹、几何纹、云纹及弦纹。颈、腹部分别有三周双凹弦纹。

119 漆绘陶壶　西汉

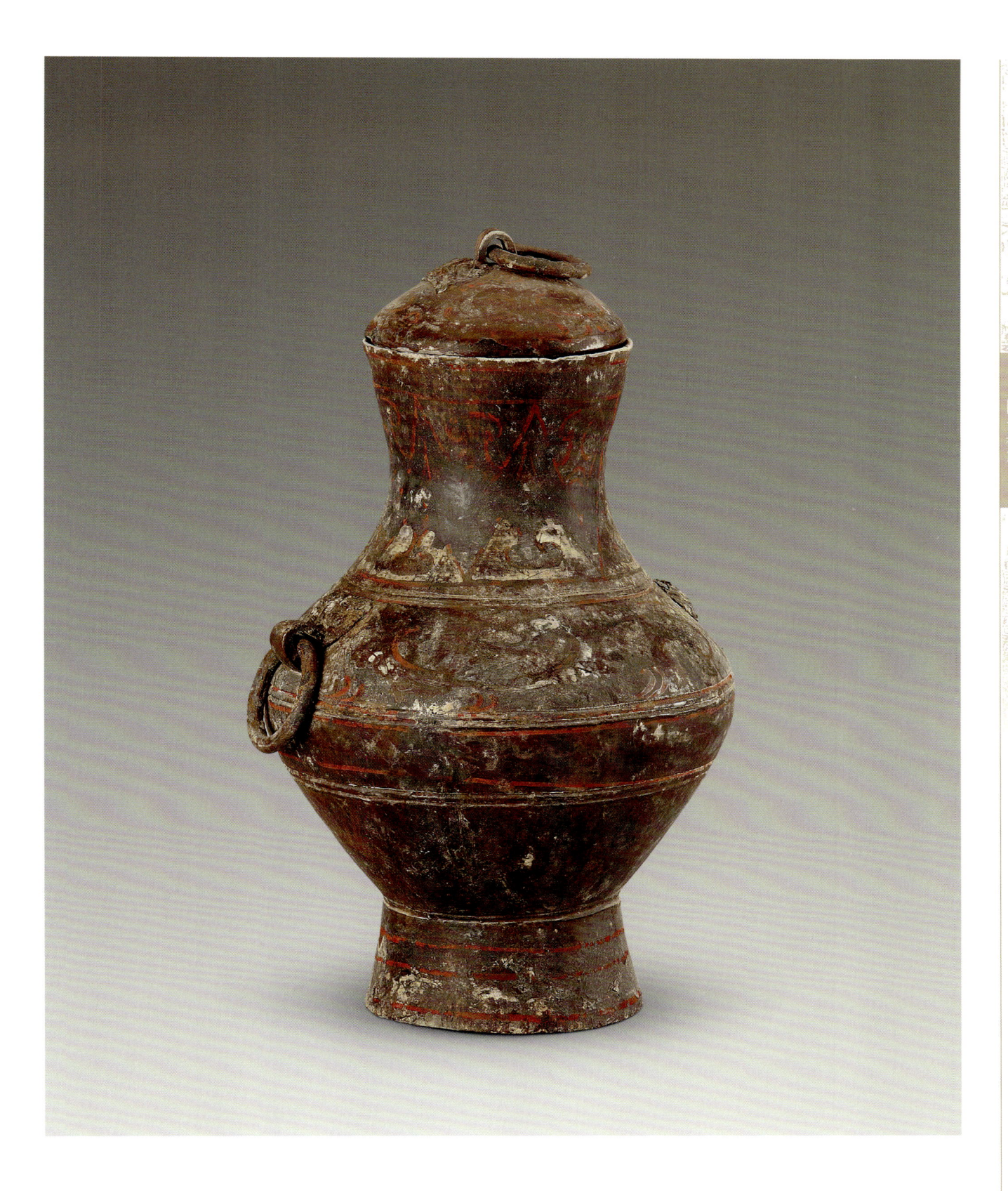

六安市九里沟三窑M176出土
口径8.6、底径10、高28厘米

泥质细灰陶。圆隆盖，盖顶置双兽面铺首衔环。器身口微侈，平唇稍内倾，长颈略束，溜肩，弧腹斜收，平底，高假圈足外侈。肩部附两个对称的铺首衔环。器表均施褐色漆皮，并用红、白两色绘云纹、三角纹、变形鸟纹及弦纹。腹部还饰数周凹弦纹。

120 漆绘陶壶 西汉

六安市经济技术开发区M324出土

口径11.4、腹径20、底径13.2、高32.2厘米

泥质灰陶。侈口，方唇，唇面微向内倾，束颈，溜肩，鼓腹，假圈足外侈，平底。腹上部贴附对称的铺首两只。器表施褐色漆，并用红、白两色绘云鸟纹、波浪纹、对称鸟纹、三角云纹、菱形纹及粗细弦纹。

121 漆绘陶壶　西汉

六安市经济技术开发区M324出土

口径11.4、腹径20.6、底径13.2、高32.2厘米

泥质灰陶。盖圆隆，直口沿。器身侈口，方唇，唇面微向内倾，束颈，溜肩，鼓腹，假圈足外侈，平底。腹上部贴附对称的铺首两只。器表施褐色漆，并用红、白两色绘云鸟纹、波浪纹、对称鸟纹、三角云纹、菱形纹及粗细弦纹。

124 漆绘陶匜　西汉
六安市经济技术开发区M324出土
口宽20、高8.2厘米

泥质灰陶。整体呈方形瓢状。直口，平唇，弧腹上部稍鼓，其下内收形成一周折棱，平底。一侧口外出平底槽状流，流中部内束。器内外髹黑褐色漆，并用红、白两色绘云纹、波浪纹、弦纹、圆点纹、菱形纹和三角云纹。

125 "死人更衣" 陶屋　汉

六安市九里沟电站工地出土
纵15、横10、高11厘米

泥质灰陶。有顶无底。长方形歇山式顶，中心横主脊，四叉脊向四角伸展。屋顶素面无瓦印，前后坡有模印阳文隶书"死人"和"更衣"四字。四壁直，正面左侧开一小长方形窗，右侧开有长方形门。

126 陶冥币　汉

六安市城东窑厂M2出土
直径6.5、高2厘米

泥质细灰陶。饼身圆隆，面有凸起的涡纹。底内凹。

127 印纹硬陶罍　战国

六安市九里沟三窑M44出土
口径9.2、底径9.6、高18厘米

盖罩住器口直接落在器肩上。盖顶微隆，中心有一鼻纽，边缘分布三个扁体实心纽，直口沿。器身直口，丰肩，弧腹渐敛，平底。双条弯钩状双耳自肩垂至腹中部，上部附着点外卷。盖及器身不均匀施青釉，大部露灰褐色硬陶胎，胎质坚细。器身满布布纹状细小方格。

128 硬陶罐　战国

六安市九里沟三窑M46出土
口径10.6、腹径25.4、底径10.6、高19厘米

灰褐色硬陶，胎质坚细。直口，平唇，宽肩圆折，弧腹渐敛，平底。肩部贴附由细泥条盘成的简化铺首衔环。腹下部布满轮修痕。

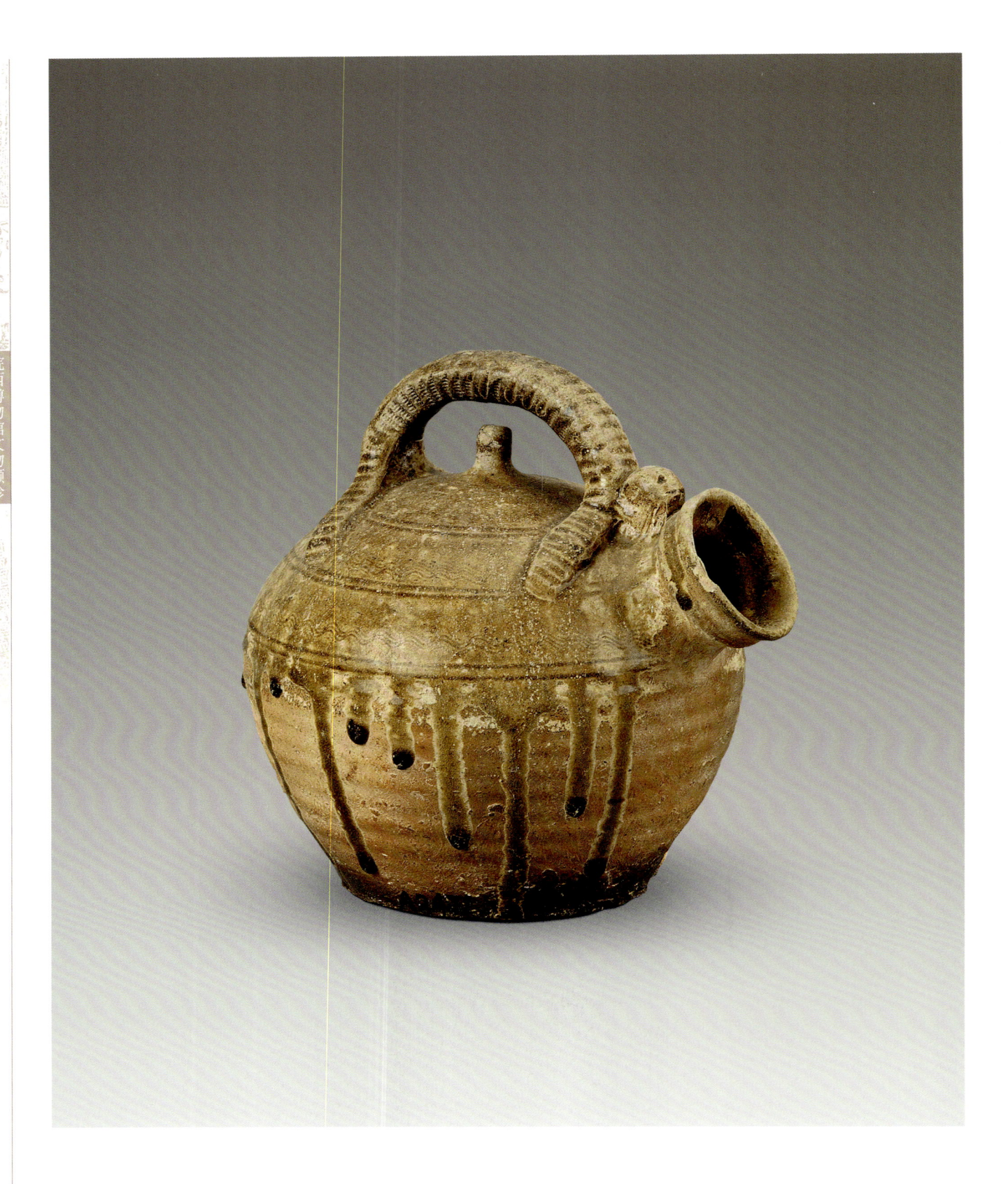

129 青釉瓷虎子 汉

六安市金安区刑警队移交
口径6、腹径18.6、底径11.6、高20.5厘米

器身侧上部出一圆筒形流,流口略侈,宽沿,束腰。身上贴附提梁。提梁形似一长身动物,圆饼形头贴于流基部,双目向前,一侧飘有长须,平展的四肢及尾抓附住器顶,扁宽身圆拱。器腹近球形,腹顶中心置一高圆柱状纽,平底。整器半施青釉,下部露胎。提梁上压印横条纹,两侧间有细密竖短线。腹上部饰数周四层水波纹与双凹弦纹。

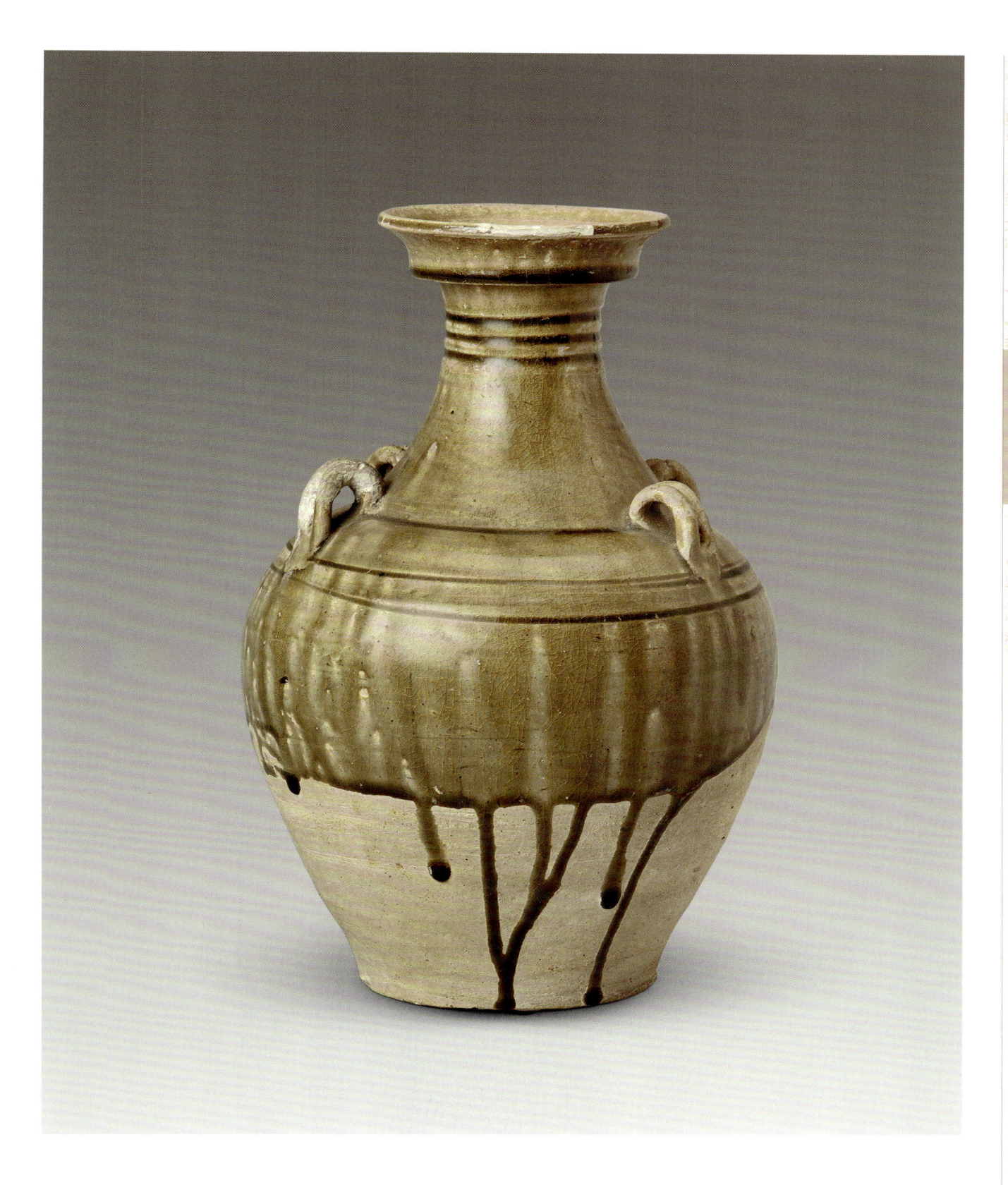

130 青釉瓷盘口壶　隋

六安市九十铺小老家出土
口径11.5、腹径20.9、底径11.8、高32.2厘米

盘形口，沿略外卷，颈微束，溜肩，鼓腹渐收，平底微外撇。肩部贴附四个均匀分布的宽条形系，系中部压一道竖线。颈、肩部饰凹弦纹。器表半施青釉。腹中部以下露灰白色胎，胎体厚重，胎质坚细。

131 寿州窑青釉瓷四系罐　隋

六安市苏南黄集窑征集
口径5.8、腹径10.7、底径5.63、高10.6厘米

直口，圆唇，肩部附四个双条形竖系，鼓腹斜收，假圈足外侈，平底微凹。器身上部施青釉，有细开片。腹下部露胎，胎质细腻呈灰白色。肩上印辐射状花朵纹，腹中部有两道弦纹。为寿州窑早期产品。

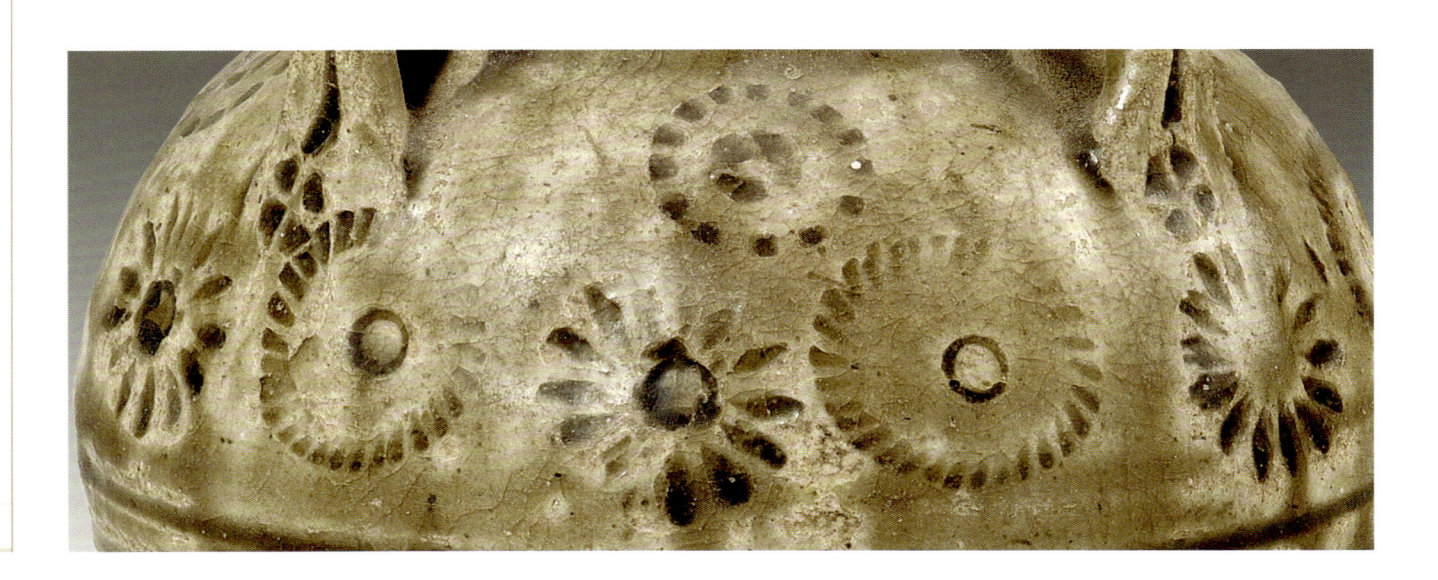

132 三鱼纹瓷钵 唐

六安市椿树乡椿洪村唐墓出土

口径13.4、底径5.5、高4厘米

口稍内敛，圆唇，有一流口，斜腹内收，壁底微露圈足。口沿和外壁施乳白釉，下部露胎，胎质细腻粉白。内壁划有网纹，网纹中间用三道弧线勾画出三条鱼身共用一个鱼头，眼尾均涂着酱黄色釉，全身布满鳞片。

133 越窑青釉瓷球形脂盒 唐

六安市椿树乡椿洪村唐墓出土
口径7.6、足径4.5、高8.5厘米

盖与身均呈半球状，以子母口相扣合，身下有矮圈足。内外通施青灰釉。盖顶有两道球状凹线圈。

134　黄釉瓷盘　唐
六安市椿树乡椿红村唐墓出土
口径14.5、底径5.9、高4.1厘米

侈口，圆唇，浅弧腹，假圈足，平底内凹。内外施黄釉，釉不到底，露米黄色胎，胎质坚细。

135　黄釉褐彩瓷水盂　唐
六安市西郊砖瓦厂出土
口径2.6、腹径6.4、底径3.9、高4.6厘米

小口略内敛，溜肩，扁鼓腹，假圈足略外侈。器内施青釉，器外黄釉上有三片褐色斑块。足底露乳白色内胎。

136　青釉瓷粉盒　唐
六安市椿树乡唐卢公夫人墓出土
口径11、腹径12.6、足径6.5、高8厘米

盖顶圆隆，直口沿。器身作子母口，直口，直腹下部折收，平底，矮圈足。盖缘一道凹弦纹。内外施青釉，釉色泛黄。

137 青釉瓷壶 唐

六安市淠河河道出土

口径24、腹径56、底径23.5、高55厘米

洗形口，短颈渐侈，溜肩，鼓腹，平底。肩部均匀贴附四只双条形系，系顶端附一圆球。器外半施青褐色釉。

138 白釉瓷瓶 五代

六安市钱集胡桥岗出土

口径4.6、腹径14.5、底径9.8、高31.5厘米

直口,宽折沿,沿面略向下斜。丰肩,深弧腹渐敛,近底部时略外侈,平底。器外满施白釉,口沿及底部露浅灰褐色胎,胎质坚细。腹部上、下各有两周凹弦纹,其间均匀分布五组竖置的水波纹。

139　龙泉窑青釉瓷瓶　宋
六安市江店乡居民捐献
口径6.2、腹径8.6、底径7.3、高17.3厘米

粉青色。盘形口，口沿内卷，长颈，折肩，直腹微收，卧足，平底内凹。足尖露胎，胎质灰白。

140　龙泉窑青釉瓷瓶　宋
六安市丁集窑厂出土
口径17、腹径9、底径5.3、高7厘米

青灰色，通体有冰裂纹。敞口，圆唇，微卷沿，长颈，鼓腹，圈足上厚下窄。足底露胎处为紫色。

141 酱釉瓷四系壶　宋

原六安县文化馆收集

口径6.5、腹径19、底径6.4、高30厘米

直口，尖唇，口下方有一凸棱，短颈渐侈，丰肩，深弧腹斜收，平底。颈肩部贴附四个扁条状系。内外均施酱褐色釉，内部满釉，外部施釉不到底，露红褐色硬陶胎。腹部修胎痕明显。外壁竖刻"赵十五官人号"。

142 青白釉瓷粉盒 宋

六安齿轮厂基建工地出土
口径12.1、足径7.2、高6.8厘米

盖、身以子母口相扣合。盖顶微隆，直壁略内收。器身直口略内敛，浅折腹上部竖直，下部微弧斜收，小平底，高圈足外撇。器内均匀分布三个小圆盅，圆盅之间塑有由卷曲的枝蔓相连的荷叶莲蓬。器内外满施青白釉，底露白色内胎。盖顶满饰印花海水花卉纹，边缘有凸弦纹和射线纹各一周。

143 青白釉瓜棱形瓷粉盒　宋

六安市九里沟三窑M1出土

口径5.6、腹径6.8、底径4、高8.8厘米

景德镇产品。整体呈六瓣瓜棱形，盖、身各半。盖顶瓜瓣中心内凹成深蒂，蒂内伸出一短粗枝作纽，弧腹自上而下渐侈。器身作子母口，弧腹渐敛，平底，矮圈足。内外均施青白釉，盖内及底露白色胎，胎质坚细。

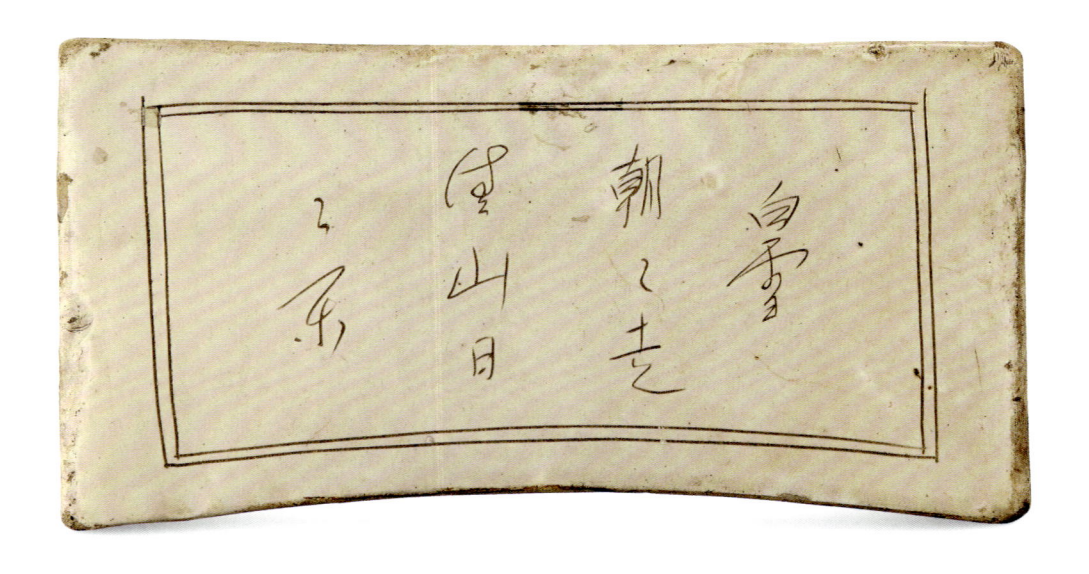

144 白釉瓷枕　宋

中国文物总店拨交

长30.6、宽16.2、高15.3厘米

枕体前低后高。面近长方形，两长边作浅弧形内收，中部内凹。四直壁斜收，平底。枕面及枕壁上部施白釉，其余部分露赭黄色内胎，胎体较薄。枕面边缘刻双线方框，框内刻"白云朝朝走，清山日日乐"四行十字草书。

145 白釉黑花草叶纹瓷枕　宋

中国文物总店拨交

长24.8、宽21.4、高12.8厘米

形近椭圆。枕面前低后高。斜弧壁、平底。枕面、壁满施乳白色釉，枕底露灰白色内胎，胎体坚细。枕面饰黑色草叶花纹。

146 暗花白釉瓷碗 宋

原六安地区文物工作组收集

口径16.8、底径5.5、高4.9厘米

六瓣葵花形口，浅弧腹斜收，假圈足，平底。碗内中心印暗花。薄胎，通体施白釉，釉面布满冰裂纹，足底露胎，胎质坚细。

147 暗花白釉瓷碗 宋

原六安地区文物工作组收集

口径17、底径5.4、高4.7厘米

六瓣葵花形口，浅直腹斜收，假圈足，平底。碗内中心印暗花。薄胎，通体施白釉，釉面布满冰裂纹。足底露胎，胎质坚细。外底部有一墨书行书"华"字。

148 青白釉瓷注子　宋
原六安地区文物工作组收集
口径6.4、腹径13.4、底径7、高22.5厘米

　　浅碟形盖，盖顶中部内凹，中心有一不规则纽，宽平沿边缘有一管状小系。器身侈口，长束颈，八瓣瓜棱状肩、腹，平底内凹。肩一侧置一弯曲的细长流，对侧一扁条状曲柄贴附于颈、肩之间，柄顶部置一管状小系。颈、腹上部各饰一道弦纹，柄边缘有两道阴线，底有四处支烧痕。通体釉施均匀，釉色白。底部露胎，胎质略粗。

149 青白釉瓷钵　宋

六安市公共汽车公司宋墓出土
口径8.2、腹径10、底径4.2、高7.5厘米

青白色。敛口、细卷沿、溜肩、深弧腹斜收、假圈足、平底。胎薄、釉润开片，釉面光泽晶莹。

150　青花兰草纹瓷碗　明

六安市客车总厂出土
口径15、足径5.2、高7.6厘米

敞口，斜腹内收，平底，矮圈足。口内沿饰双蓝圈，其间饰几何纹图案一周，内底饰双蓝圈青花兰草。外腹上下分别施双蓝圈，其间饰青花兰草。圈足施双蓝圈。

151 青花红云龙纹瓷盘 清雍正

中国文物总店拨交

口径15.9、足径9.7、高3.9厘米

口外侈,浅弧腹,平底,矮圈足。胎体轻薄,满釉。青花釉里红彩饰。内外均以红色飞龙配青花卷云纹为主纹饰,另有青花双弦纹和几何纹图案。外底青花双圈内书"大清雍正年制"六字两行楷书款。

152 青花红蝠纹瓷盘　清光绪

中国文物总店拨交
口径15.3、足径9.2、高3.4厘米

侈口，浅弧腹，大平底，矮圈足。胎体较薄，满釉。青花和釉上红彩装饰。内外均以红色蝙蝠为主纹饰，青花弦纹和回纹饰边角。底部正中有"大清光绪年制"六字两行青花楷书款。

153 青花云龙纹瓷盘 清乾隆

中国文物总店拨交

口径16.4、足径9.7、高3.4厘米

侈口，浅弧腹，平底，矮圈足。胎体轻薄，满釉。饰青花纹样。盘内底绘一云龙，腹外壁绘双龙戏珠，弦纹饰边角。底部有"大清乾隆年制"六字三行青花篆书款。

154 青花双凤纹瓷盘 清道光

中国文物总店拨交

口径16.6、足径9.4、高3.7厘米

侈口，浅弧腹，大平底，矮圈足。胎体轻薄，满釉。饰青花纹样。盘内外分别饰对首双凤和同向顺次双凤，凤间为云纹。弦纹边栏。底部有"大清道光年制"六字三行青花篆书款。

157 青花缠枝莲瓷赏瓶　清同治

中国文物总店拨交

口径9.8、腹径23.5、底径12.6、高37.2厘米

侈口，细长颈，圆鼓腹，平底，圈足略外侈。胎体较厚，内外满施白釉。器外壁饰青花纹样。颈部依次为海涛、如意头、蕉叶及回纹，肩部两周凸弦纹间饰小缠枝莲，腹部有如意头纹、凸双弦纹、六朵缠枝莲花和十二瓣仰莲纹，足外壁绘蔓草纹。底部有"大清同治年制"六字两行青花楷书款。

158 青花缠枝莲瓷赏瓶　清光绪

中国文物总店拨交

口径10、腹径23.5、底径13、高37.3厘米

侈口、细长颈、圆鼓腹、平底，圈足略外侈。胎体较厚，内外满施白釉。器外壁饰青花纹样。颈部依次饰海涛、如意头、蕉叶及回纹，肩部两周凸弦纹间饰小缠枝莲，腹部为如意头纹、凸双弦纹、六朵缠枝莲花和十二瓣仰莲纹，足外壁绘蔓草纹。底部有"大清光绪年制"六字两行青花楷书款。

159　窑变红釉瓷穿带瓶　清光绪

中国文物总店拨交
口径11×8.8、腹径19×17、足径12.3×9.3、高29.9厘米

　　景德镇官窑制品。器形似钫。长方形直口，方唇、溜肩、腹略鼓，长方形圈足。口、颈四角内凹，颈两侧贴附两长方形贯耳。腹前后壁各有一片鸡心状凸起。器壁厚重，内外满釉。器表以铜红釉为主，在四棱、两耳、两侧腹壁等处间有青、黑两色釉。釉面玻璃质感强烈，釉下有极细的开片。底部有"大清光绪年制"六字三行青花楷书款。

陶瓷器篇

皖西博物馆文物撷珍

162 霁蓝釉瓷渣斗　清光绪

中国文物总店拨交

口径9.8、足径5.7、高8.8厘米

侈口，高领，鼓腹，平底，矮圈足。器内满施青白釉，器表施深蓝釉。足沿露白色内胎。底部有"大清光绪年制"六字两行楷书款。

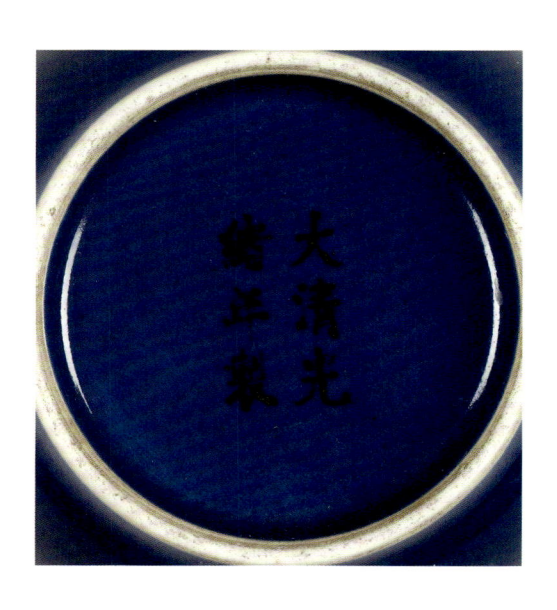

皖西博物馆文物撷珍

玉器篇

我馆收藏的玉器数量不多，除部分为征集，大部分为墓葬中出土，多为与人们生活息息相关的用具。器形有璜、玦、瑗、环、璧、带钩、簪等，件件温润晶莹，灵巧精美。

163 玉璜 商

六安市双河谢郢王大岗出土

左：外弧径5.8、内弧径4.7厘米；
右：外弧径6、内弧径4.8厘米

青玉，有褐色沁斑。两件弧形璜对合成一半圆璜，两端各钻一孔，孔眼处较薄。中间接合部侧面各对钻一孔，两孔间有凹槽相连。

164 玉璜 商

六安市双河谢郢王大岗出土

外弧径7.9、内弧径7.4厘米

青玉偏黄，半透明状。扁弧形，外圆弧较规整，两端面上各有一钻孔。

165　玉玦　春秋
舒城县河口春秋墓出土
外径3.3、内径1、厚0.3厘米

青玉，半透明。扁平圆形，上有一窄条状缺口。正面以双阴线饰两组对称的龙首纹，缺口两侧各一组，每组两龙首同向，而两组龙首相背。龙口大张，变形"臣"字眼，长上唇上卷，短下唇上翘。背面平素。

166　玉玦　春秋
舒城县河口春秋墓出土
直径4.8、厚0.4厘米

青白玉，不透明。扁平圆形，上有一窄条状缺口。正面阴刻变形鸟纹，长喙下勾，鼓目，阴线示颈羽，双弧线示鸟身和尾翼。背面平素。

167　玛瑙瑗　战国
六安市九里沟电站工地出土
外径4.2、内径2.3、厚0.5厘米

通体红色，间以黄白色。扁环形，由内向外渐薄。

168 谷纹玉璧　汉

六安市经济技术开发区M96出土

外径15、内径5.5、厚0.3厘米

深绿色青玉，边缘处有褐色沁斑。扁平状。两面均雕琢谷纹，内外缘分别阴刻一周绞丝纹。

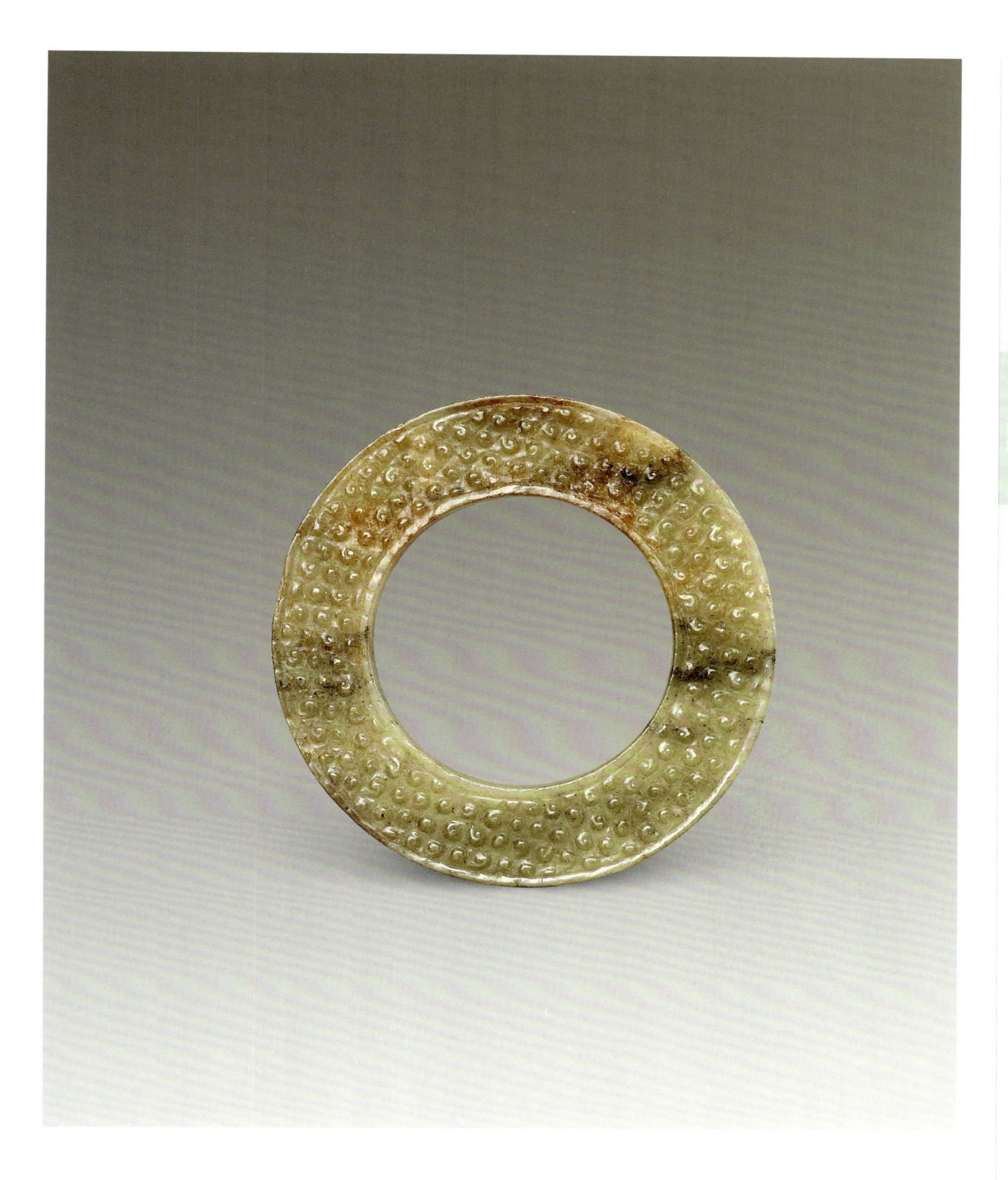

169 谷纹玉环 汉

六安市经济技术开发区M97出土
外径11.4、内径6.8、厚0.7厘米

深绿色青玉，有黑褐色沁斑。扁平状，内外有廓。两面均雕琢谷纹，谷点较凸，摸之有扎手感。

170 玉珌 汉
六安市经济技术开发区M97出土
长4.4、宽3.4、厚1.1厘米

白玉，半透明状，间杂黑褐斑纹理。器作长方梯形，横断面呈橄榄形，下端平封，上端中间有一圆孔。

171 玉璲 汉
六安市经济技术开发区M99出土
长7.9、宽2.7、厚1.3厘米

青玉偏黄，多褐色沁色。器作长方形，两端背卷，背有长方形穿孔。表面上下方起凸棱，中间饰莲云纹。周边阴线为廓。

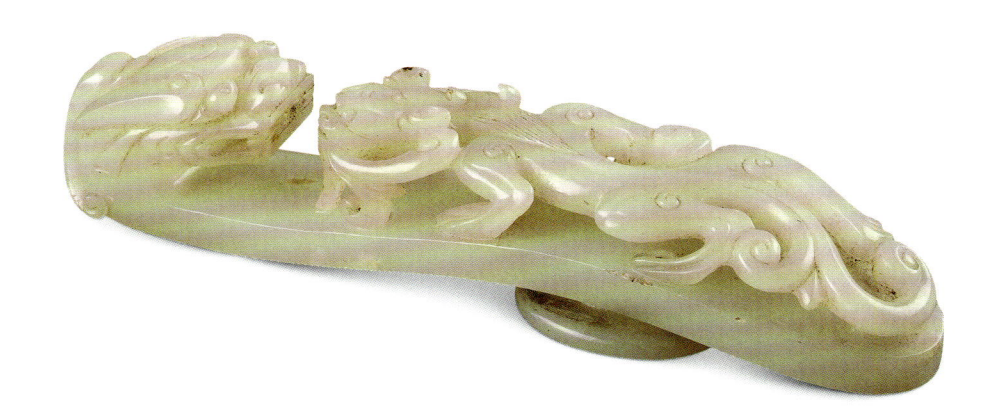

172 玉带钩　清
六安市裕安区城西乡征集
长12.8、宽3.2、高2.7厘米

　　青白玉，微透光。钩首作龙首状，颈、腹扁宽，椭圆形纽，短纽柱。腹面上雕刻与龙首相对的螭虎，纤细，整体悬于腹面上，以四爪及须与腹面相连。

173 玉簪　清
安徽省文物商店拨交
长14、宽3厘米

　　白玉，温润微透光。整体向正面弯拱。柄扁长，末端弧圆。如意云形簪首，表面阴刻如意云纹，中心花瓣圆座上嵌一翠绿扁球形芯。

皖西博物馆文物撷珍

金银器篇

本次收录金银器19件（组），均为有明确出土地点的出土物。

1981年6月，在原六安县南35千米处的嵩寮岩乡花石咀村，清理发掘了一座元代夫妻合葬墓。墓葬保存完好，共出土金银器18件。金器只见缠枝雕花金钗，银器有奁、盒、粉盒、盏与托盘、碟、杯、盆、钵、唾盂、香囊、佩饰等。

174 "太平通宝" 金钱 北宋

六安市青山乡宋墓出土
直径2、厚0.1厘米

黄金铸造，色泽金黄。方孔圆钱。缘厚肉薄，外郭宽，内郭窄，面文正楷"太平通宝"四字，背面无纹饰。为北宋太平兴国年间（公元976~984年）所铸。

175 银锭 南宋

六安市罗管乡出土
长6.5~9.3、宽4.6~7.1、厚1~1.8厘米

束腰形。表面平滑微凹，上有波纹，背蜂窝状。面上腰部或锭首左右两角錾有"真花银"、"出门税"、"锭银"等楷书款识，有些还砸印画押符号。其中两枚为被截下的银锭下半部，分别刻有"真聂二助门臣"、"买到绍兴二十一年秋季"两种款识。

176　筒状刻花卉银奁　元
六安市嵩寮岩花石咀M2出土
口径20.7、底径16、高25.5厘米

筒状八棱形。分三层，扣合严实。鼓盖平顶，直腹，平底。器表满刻栀子、萱草、梅花、海棠、芙蓉、菊花、秋葵、牡丹、棠梨、石榴等各类花卉，盖顶花丛中凤凰飞舞。

177 花卉纹银粉盒　元

六安市嵩寮岩花石咀M2出土
口径7.2、腹径7.3、底径7.2、高6.2厘米

圆筒形。盖、身以子母口扣合。平盖顶微鼓，直口。器身直口，直腹，平底。盖顶镌刻双凤纹，盖沿饰忍冬纹图案。器腹周满刻牡丹、海棠、菊花、栀子等花卉。

178 银粉盒　元

六安市嵩寮岩花石咀M2出土

口径6.1、腹径7.6、底径4、高6.5厘米

笆斗形。盖覆式荷叶形，鼓顶，中心置叶茎纽，内附子口。盒小口方唇，矮颈，溜肩，圆腹外鼓，平底中心微凹。器腹压柳条纹，颈饰编织纹。

179 花卉纹银碟　元

六安市嵩寮岩花石咀M2出土

口径6.8、底径4.5、高2.5厘米

敞口，方唇，弧腹，平底。内底錾刻一枝牡丹，腹周錾刻牡丹、菊花、栀子等花纹。

180 银盒 元

六安市嵩寮岩花石咀M2出土
口径2.1、腹径5.8、底径4.3、高4.9厘米；
盖口径3.4厘米；小勺长4.3、宽1.3厘米

　　盖平顶，壁外侈。身呈罐形。直口，矮颈，丰肩，弧腹渐敛，平底。盖内中心焊接一小勺。盖、器腹满刻栀子、萱草、芙蓉、秋葵等花草。

181 银盒 元

六安市嵩寮岩花石咀M2出土
盖口径6.1、底径4.5、高1厘米；
罐口径5、腹径6.7、底径4、高5.8厘米

盖为碟形，侈口，浅弧腹，平底。身为罐形，大侈口，矮颈，窄溜肩，圆鼓腹，平底。盖底、器腹镌刻栀子、牡丹、菊花等纹饰，盖腹饰几何花纹。

182　雕花人物纹银盏与托盘　元
六安市嵩寮岩花石咀M2出土
盏口径8.5、足径3.6、高5.3厘米；
托盘口径18.3、足径14.2、高1.5厘米

盏由里外两层薄银片合成。敞口、弧腹、平底、矮圈足。盏内中心坐一玩弄一花球的童子，腹外对置双耳，耳为两个头梳双髻、身着长衫的少女，站在莲花上，双手扶着盏沿，凝视盏内男童。腹壁满饰浮雕折枝花卉。托盘平折卷沿，浅直腹斜收，大平底。盘沿饰忍冬纹，底中心饰牡丹花，周浮雕两对持花童子，童子于花丛中作起舞状。

183

183 莲花银盏与托盘　元

六安市嵩寮岩花石咀M2出土
盏口径8.7、足径3.5厘米；
托盘口径18.7、足径9.2厘米，通高7.3厘米

盏大口，方唇，深弧腹，平底，宽沿圈足。托盘由六片仰莲花瓣组成盘腹，中心莲蓬凸起为圆形托垫，矮圈足。

184 银杯 元
六安市嵩寮岩花石咀M2出土
长口径8.3、高1.5厘米

椭圆形。侈口，浅弧腹，圜底。菱花形单耳。

185 银唾盂 元
六安市嵩寮岩花石咀M2出土
口径19.2、底径7.5、高9.7厘米

盘口，方唇，圆鼓腹，平底内凹。

186 银钵 元
六安市嵩寮岩花石咀M2出土
口径14、底径8.8、高6厘米

直口，方唇，深弧腹，平底。

187 银钵 元
六安市嵩寮岩花石咀M2出土
口径12.3、底径6.5、高5.6厘米

侈口，窄沿略外折，深弧腹，中腹有一周凸棱箍，平底。

188 银盆　元

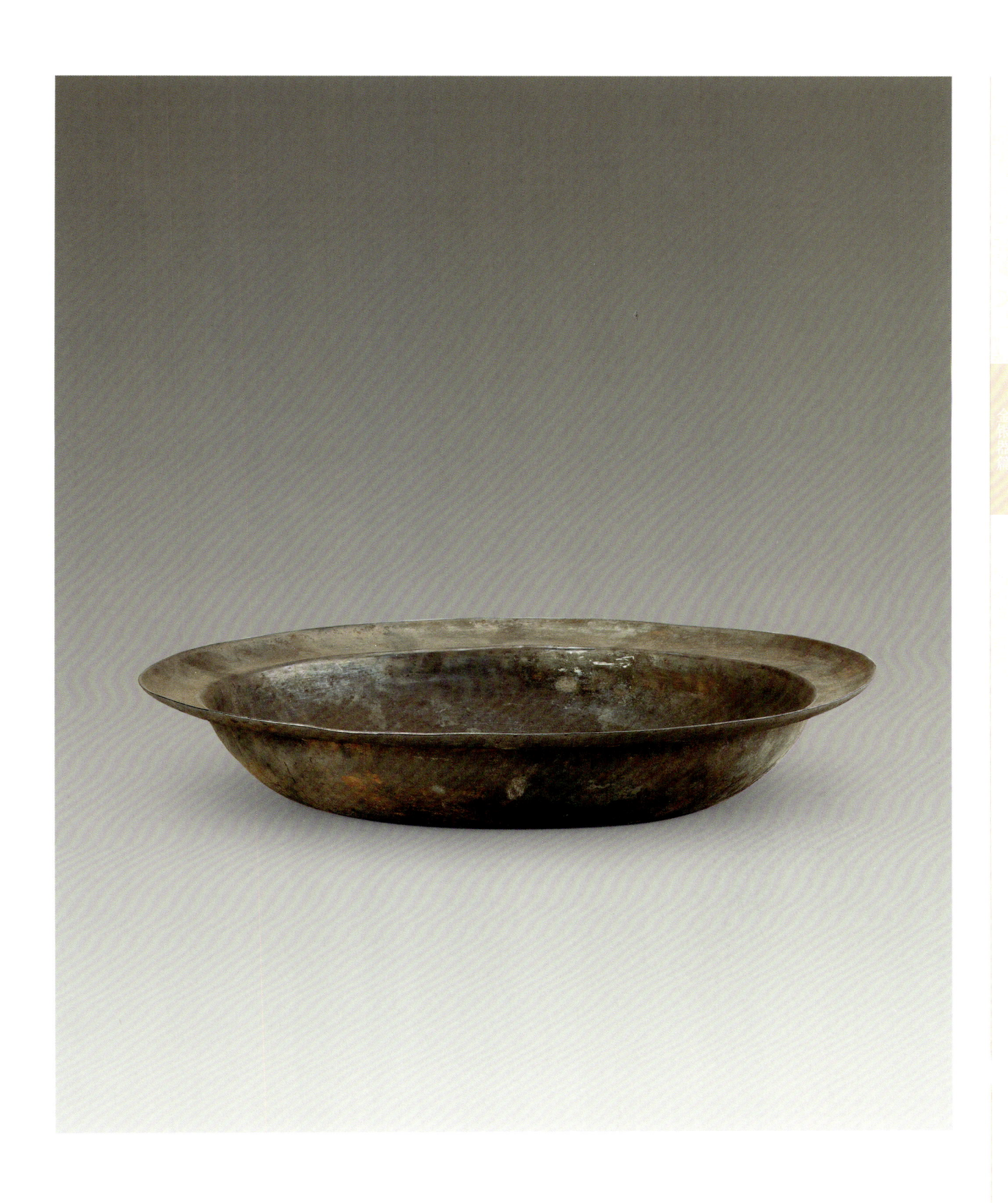

六安市嵩寮岩花石咀M2出土
口径37、底径23、高6.7厘米

大口，宽斜折沿，圆唇，浅弧腹，平底。

189 蝴蝶形银香囊 元

六安市嵩寮岩花石咀M2出土
长7.9、宽7.1、厚1.3厘米

两蝶状囊片可展开呈菱形。蝶身呈胖大橄榄形。头有两只大眼睛，前侧生两卷须，腹有多层绒毛。身左、右各有两枚大翅膀，饰线边，上翅凸雕牡丹，下翅凸雕海棠花，尾饰篦纹。

190 狮形银佩饰 元
六安市嵩寮岩花石咀M2出土
长7、宽3厘米

卧伏式。前一足向前趴，头颔生长卷毛，其中刻一"王"字。体生细短毛，尾卷入身下，脊椎骨凸起，作连球形。

191 缠枝雕花金钗 元

六安市嵩寮岩花石咀M2出土
长17.4、17.5厘米

黄金铸造。两钗形制相同。均为并列双股，首部凸雕精细缠枝花卉，尾端扁，圆茎末端镌刻"壹两贰钱半"字样。色泽金黄，纯度98%。

192 缠丝花纹金钗 元

六安市嵩寮岩花石咀M2出土
左长10.4厘米，右长8.5厘米

两钗形制相同。均为并列双股，实茎。首部饰缠丝花纹，扁尾。各股尾端压印文字，内容待考。

皖西博物馆文物撷珍

抗日阵亡将士纪念碑

中华民国二十九年

近现代文物篇

六安是中国革命的摇篮之一，是108位共和国开国将军的故里，红色资源丰厚。因此，革命文物是我馆一大特色馆藏。我馆藏有反映农协活动的《六安九上堡农民协会会员名册》，有反映根据地土地革命的「红军公田碑」，有反映红色经济的「皖西北苏维埃铜币」、银币、「皖西流通券」等，有反映武汉保卫战外围战场的霍山鹿吐石铺战斗的见证霍山「抗日阵亡将士纪念碑」等等，它们共同见证着皖西为中国革命做出的巨大贡献！

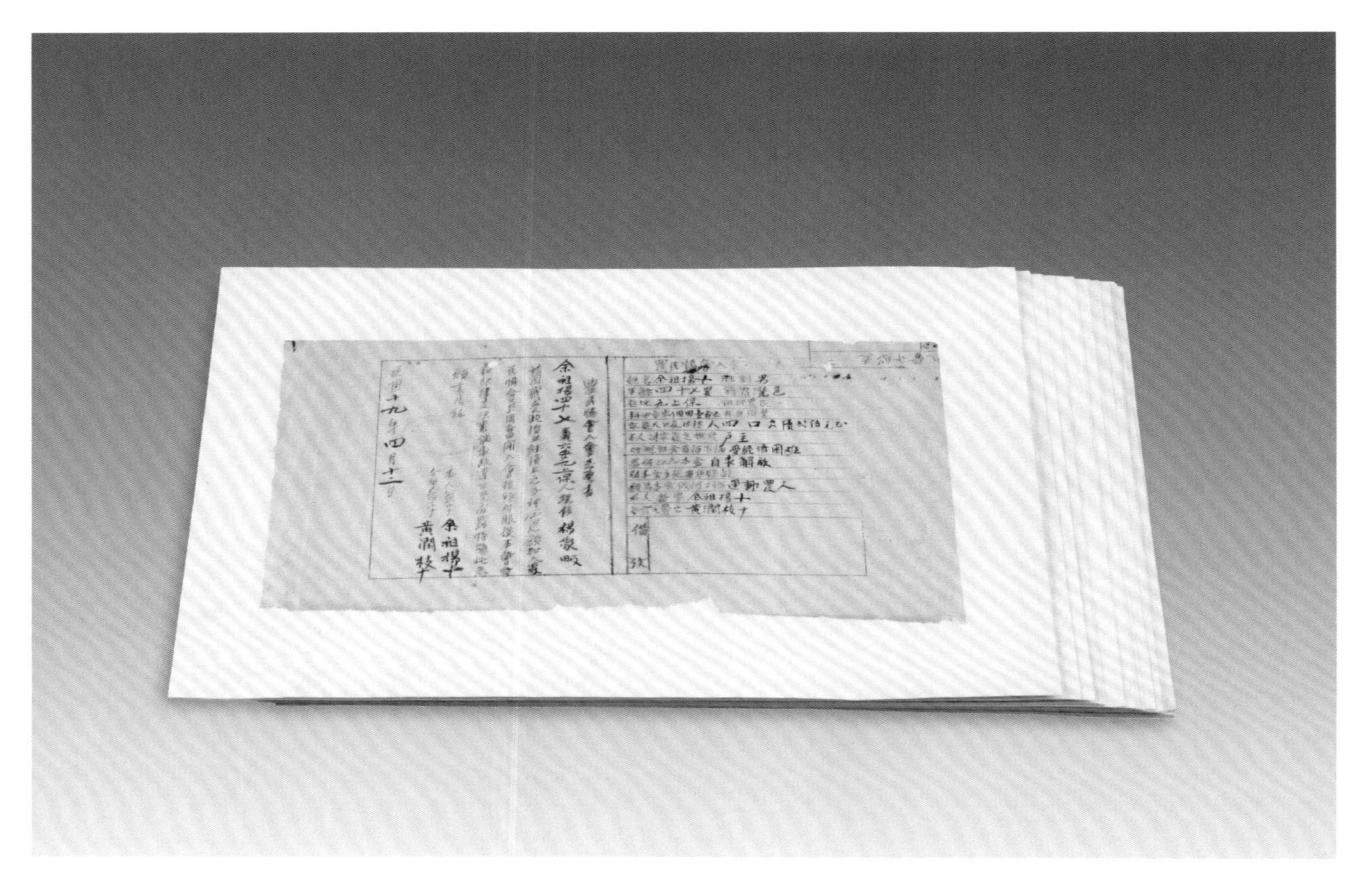

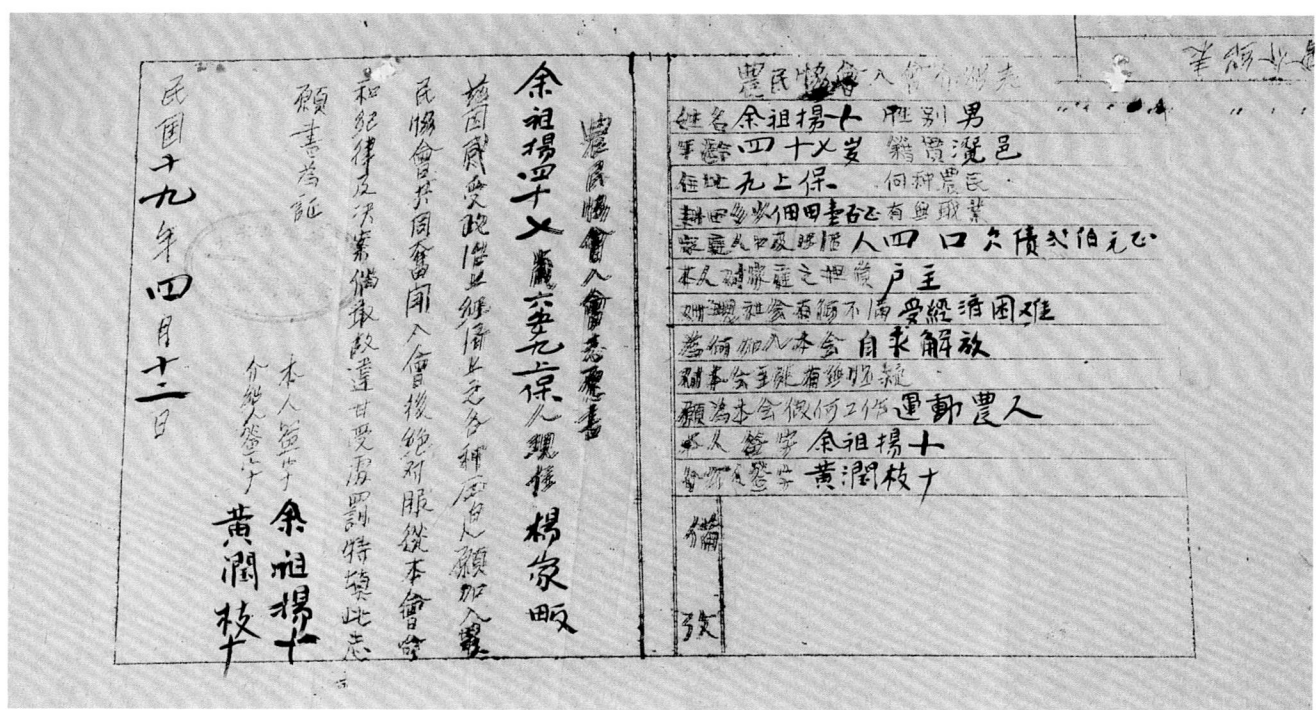

193 《六安九上保农民协会会员名册》 1930年

原六安县文管所拨交
长32.6、宽19.5厘米

名册共有27页，纸质分黄色草纸和白色竹纸两种。每页左侧为"农民协会入会志愿书"，右侧为"农民协会入会介绍表"，使用蓝色或黑色油墨单面印刷，由于印刷版式不同，一些用字略有差异。会员个人资料用毛笔或铅笔填写，末尾有本人及介绍人签名。

194　红军公田碑　1931年

霍山县文管所拨交

长78、宽12、高165厘米

由旧石碑改刻而成。正面打磨平整，但原刻的细小阴文楷书字迹依稀可辨。碑文为阴文竖读楷书，中心为"红军公田"四个大字，右侧刻"霍山七区第八乡苏维埃政府"，左侧刻"一千九百三十一年计稞五石"。

195　抗日阵亡将士纪念碑　1940年

霍山县文管所拨交

长30、宽23、高285厘米

窄长方体石质碑身。正面打磨平整，刻阳文楷书竖读碑文，中心为"抗日阵亡将士纪念碑"九字，右上方迎首为"中华民国二十九年七月七日建"，左下方落款为"霍山各界敬立"，四周有凸起的边框。

196 铜币 1932年
原六安县文管所拨交
直径3.8厘米

黄铜材质。币面中心是直读的楷书大字"囗十",字外罩一大五角星,星外有嘉禾图案,上缘为左旋读的楷书"囗西北苏维埃造",下缘是右旋读的"50CAS囗囗9囗囗囗囗囗"。背中心有一细线圈,圈内饰地球和镰刀、斧头的组合图案,边缘是一周左旋读楷书大字"囗世界无产阶级联合囗来呵"。

197 银币 1932年
原六安县文管所拨交
直径3.9厘米

　　银质机铸币。币面中心是楷书大字"壹圆",字外加线匿,上缘铸"一九三二年造",下缘铸俄文"COBETG HИ5HKB IPEB",均为右旋读,并以五角星相隔。背中心有一珠圈,圈内有地球、镰刀、斧头的组合纹样,边缘铸一周右旋读楷书"全世界无产阶级联合起来呵"。整体有齿状边道。

198 银币 1932年
霍山县党史办拨交
直径3.7厘米

　　银质机铸币。面文均为楷书。中心是直读的大字"壹圆",字外加线圈,上缘铸"鄂豫皖省苏维埃政府",下缘铸"工农银行一九三二年造",均为右旋读,并以五角星相隔。背中心有一细珠圈,圈内有地球、镰刀、斧头组合纹样,边缘铸一周右旋读楷书大字"全世界无产阶级联合起来啊"。整体有齿状边道。

后记

　　时光如白驹过隙。皖西博物馆从当初单一的革命纪念馆到如今的国家二级综合性博物馆，不知不觉已走过了三十多年的发展历程，几多艰辛，几多欣慰！借二级馆挂牌的春风，我们从馆藏文物中遴选出198件（组）编辑成册，以为祝贺！其中，青铜类103件（组），陶瓷类59件（组）、玉器类11件（组）、金银器类19件（组）、近现代类6件。所选文物以代表着皖西鲜明地域特色的出土文物为主，亦有部分为带有明确出土地点的个人捐赠品及省馆拨交品；为反映馆藏全貌，中国文物总店下拨的一批清代瓷器也被收录其中。编辑此书，既是对我馆三十多年发展历程作一个阶段性的总结，更是向为我馆三十多年发展做出贡献的所有同志致敬！

　　凝结着我馆全体同仁诸多心血的《皖西博物馆文物撷珍》即将面世，由于水平有限，书中疏漏和错误之处难免，请教于诸位方家，给予指正！

编者

2013年11月